The Life of Jesus for Everyone

사순절에 읽는
# 예수님의 생애

윌리엄 바클레이 지음 | 양길영 옮김

쿰란출판사

**The Life of Jesus for Everyman**

ⓒ William Barclay
Originally published in 1965 by SCM Press Ltd., London
Reprinted 1966 by Harper & Row, Publishers, New York

Korean translation copyright ⓒ 2009 Qumran Publishing House

추천의 글

# 치열한 삶의 경험에서 비롯된 번역

제주충신교회 김광식 목사

내가 양길영 목사님을 알게 된 것도 어언 한 세대가 되어 갑니다. 그나 나 모두 늦게 신학에 입문하였다는 공통점이 있습니다. 나는 30대 후반, 교육전도사로 노량진교회에서 집사인 그를 만났습니다. 그 이래 한 세대가 지나면서 나는 고향 제주도로 내려와 목회하게 되었고 그 역시 목사가 되고 선교사가 되어 서로 쉽게 만날 수 없는 처지였지만 변하지 않는 것은 둘 사이의 변함없는 우정입니다. 두 가정 사이의 깊은 신뢰입니다. 격의 없는 대화가 통하고 공감하는 바가 많습니다.

내가 목회현장에서 도움이 필요하여 연락하면 양길영 목사는 언제나 제 일처럼 발 벗고 도와주었습니다. ACTS에서 목회학박사 논문을 쓰면서 자료 정리를 부탁했더니 다양한 자료들을 모아 나의 논문이 무사히 통과되는 데 도와준 일도 기억에 남고, 지난 2002년 제주충신교회가 현재의 교회당을 헌당하면서 제주충신교회 6년의 발자취를 한 권의 책자로 묶는 일을 그에게 맡겼더니 썩 돋보이게 만들어 헌당예배에 참석한 사람들에게 탄성을 자아내게 한 것은 지금도 우리 교회에서 화제가 되곤 합니다.

그 책자에서 양길영 목사가 나에 대하여 촌평을 하였는데 "산소

 사순절에 읽는 예수님의 생애

같은 목사"라고 하였습니다. 나는 지금도 그의 평을 생각하면서 혼자 웃고는 합니다마는 나의 유쾌한 삶의 태도를 두고 그렇게 평가해 준 것이 고맙고 또 즐겁습니다.

그러고 보니 양길영 목사에 대한 나의 평을 쓰지 않을 수 없습니다. 양길영 목사는 한 마디로 다양하고도 치열한 삶을 살았다는 것, 그리고 하나님 주신 은사를 참으로 즐기면서 사는 목회자라는 점을 말해야겠습니다. 내가 처음 그를 알았을 때 그는 작지 않은 회사의 경리 책임자였습니다. 그 후 그는 신학 지망생으로 함께 길을 걸어가면서 전도사와 목사를 거쳐 지금은 선교현장에서 뛰고 있습니다.

내가 알기로 양길영 목사는 "아는 척을 꽤 많이 하는 목사"입니다. 어떤 주제, 무슨 문제든 물어보면 적어도 "서론 부분"까지는 알고 있습니다. 그 이상은 나도 잘 모르니까 그가 얼마나 깊이 알고 있는지는 모르겠지만 말입니다.

아무튼 이런저런 재주가 많은 사람이요 주어진 것들을 최대한 활용하는 목사입니다.

글도 꽤 잘 써서 이런저런 잡문들을 많이 쓰더니 드디어 "일"을 내고 말았습니다. 마침내 "한 건" 한 것입니다. 수년 전, 우리의 존경하는 림인식 목사님의 목회 일대기 《우리 시대의 큰 사도 림인식 목사의 삶과 생각》이라는 대작을 내어 놓은 것입니다. 이 책은 목회를 하려는 사람은 누구나 한번쯤 읽어보아야 할 교과서이거니와 나 역시 림 목사님 밑에서 목회를 배웠습니다마는 그 책에서 나

# 추천의 글

는 림 목사님의 깊고 넓은 세계와 함께 양길영 목사의 숨겨진 일면을 보았습니다. 이 일은 양길영 목사만이 할 수 있는 일이요 양길영 목사이니까 이루어진 일입니다. 참으로 고마운 일입니다.

그는 몇 권의 책과 번역서를 내었고 그 때마다 나에게 보내주었습니다. 지난 여름에는 바클레이 박사의 비유 강해집을 내었고 이번에는 예수님의 생애에 관한 책을 번역하였다고 추천의 말씀을 부탁하였습니다. 아마 그의 번역 실력보다는 예수님에 대한 그의 관심, 사랑이 이러한 책을 내어 놓게 한 줄 압니다. 예수님의 생애 이야기야말로 우리 목사들에게 주어진 평생의 과업이요 사명이라고 하면 그의 이 책은 또 하나의 좋은 참고서요 이야깃거리일 것입니다.

하나님은 우리를 그의 사용 목적에 맞게 사용하시되 우리에게 이미 주신 선물들을 최대한 사용하시는 줄 믿습니다. 그래서 음악의 선물을 받은 사람은 음악으로, 아주 다양한 은사들이 모여서 하나님의 영광을 드러내는 일이라면 양길영 목사에게 주신 선물들이 부럽기도 하고 샘이 날 때도 있습니다. 그는 일찍이 나와 같은 시골 목회자를 알게 된 것이 즐겁다고 말하였는데 나는 그와 같은 다재다능, 다정다감한 목사를 알게 된 것이 자랑스럽습니다.

즐거운 친구요 동역자인 양길영 목사의 번역 출간을 대하면서 그에게 이런 재능까지 주신 하나님의 은혜에 감사하고 또 30년이 넘는 세월을 잠시 회상하여 보았습니다. 감사합니다.

사순절에 읽는 예수님의 생애

# 선교지에서의 체온이 느껴지는 번역

포항남부교회 최득섭 목사

이번 W. 바클레이의 《사순절에 읽는 예수님의 생애》가 동북아에서 선교하고 있는 양길영 목사님의 손끝에서 번역 출간된 데 진심으로 감사하며 기쁜 마음으로 추천의 글을 씁니다.

그간, 바클레이 박사의 많은 저작들이 번역되어 한국의 많은 신자들, 특히 설교하는 이들에게 깊은 영감과 함께 은혜를 끼쳤습니다. 한국의 목회자로서 바클레이 박사의 저서 한두 권 없는 사람은 아마 없을 줄 압니다. 바클레이 박사의 성경 주석서가 그렇듯이 이 책 역시 사순절에 방송한 내용으로서 평이하면서도 깊이가 있어서 읽는 사람의 영적 갈증을 해갈해주고 예수님의 생애를 특별한 각도에서 보여준다는 점에서 탁월한 신앙 도서가 되리라 생각합니다.

같은 저서라도 누가 번역하느냐에 따라서 본래의 원저자가 의도했던 깊은 내용들이 독자들에게 전달되는 정도는 다를 수밖에 없을 것입니다. 그런 점에서 양길영 목사님은 저자의 의도를 잘 파악하고 있는 것은 물론, 번역 실력과 함께 문장의 섬세함이 엿보입니다. 양 목사님과 저는 장로회신학대학교 선지동산에서 함께 공부한, 오래 알고 지내는 사이입니다. 그가 신학교에서 갈고

# 추천의 글

닦은 신학의 틀과 선교지에서 다듬어진 영성이 어우러져 누구도 흉내 낼 수 없는 아름다운 역서가 출간될 수 있었다고 생각합니다.

저는 몇 년 전, 그의 요청으로 그가 선교하는 현장에 가서 그가 돌보는 사역자들과 며칠 묵으면서 하나님의 말씀을 함께 나눈 적이 있습니다. 그 때, 그 사역자들이 하나라도 더 알게 하려는 그의 사랑과 열정을 눈으로 볼 수 있었습니다. 그러한 현지인 사역자들을 사랑하는 마음에서 바로 얼마 전에는 바클레이 박사의 비유 강해집을 번역 출간하였고 이번의 책 역시 그러한 결과물인 줄 압니다.

누구든지 이 책을 읽으면서 2,000여 년 전 예수님의 생애를 조망하게 될 것이고 시공간을 초월하여 우리에게 다가오시는 예수님의 생생한 모습을 대하게 될 것입니다. 목회자들에게는 이 책이 더할 나위 없는 책이요 예수님을 알고 닮아가려는 사람들에게도 가까이하고 언제나 읽어도 좋은 책이 될 것입니다. 감사합니다.

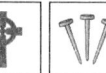 사순절에 읽는 예수님의 생애

    이 책이 나오기까지의 일을 간략히 말씀드리는 것이 좋겠습니다.
    이 책의 여섯 주제는 어느 해 사순절 기간에 예수님의 생애에 대해서 스코틀랜드 BBC 텔레비전에서 방송한 내용으로 이루어졌습니다. 물론 나의 처음 의도는 좀더 세세하게, 강의내용 그대로를 책으로 내고 싶었지만 여러 부분에서 축약되었습니다. 그러나 결과적으로 더 좋아진 면도 있습니다.
    각 장(章)은 본래의 의도대로입니다.
    대부분의 성경 연구는 세밀한 것, 성경 구절의 낱말 하나하나, 표현 하나하나에 대하여 세세하게 집중하는 것이 보통입니다. 말하자면 현미경을 사용하는 것과 같은 미시적인 방법으로 말입니다. 그러한 방법이 불필요하다고 말하는 사람은 없을 것입니다.
    그러나 이 책에서는 그런 방법을 쓰지 않고 예수님의 생애 전체를 하나의 그림으로 조망하면서 큰 주제로 나누어 보았습니다. 즉, 준비, 충돌, 승인, 수난, 승리 그리고 승천 후 계속되는 그의 몸으로서의 교회로 마치 여섯 개 막으로 이루어진 연극을 보는 것과 같이 하였습니다. 내가 목적하는 바는 예수님의 생애를 세세히 살펴보는 것이 아니라 전체를 하나의 그림으로 보고자 하는 것이었습니다.
    이 책이 의도한 또 하나의 목적은 이미 모든 것을 잘 아는 고전

# 서문

학자나 신학자, 그리고 이미 교회 안에서 신앙생활하면서 예수님 이야기에 익숙한 사람들이 아니라 이제 막 예수님을 알게 된 새신자와 교회 바깥 사람 그리고 신학적인 지식에서는 약하지만 살아계시고 인격적인 예수님을 만나고 그와 더불어 매일매일을 살아가는 보통 사람들을 목표로 하고 있습니다.

이 책 역시 여러 사람에게 많은 빚을 지면서 출판할 수 있었습니다. BBC 스코틀랜드 지역의 종교담당 책임자 로널드 팰코너 박사께 특별히 감사드립니다. 그의 전문적이고 능숙한 기술에 많은 도움을 받았습니다. 동시에 BBC의 많은 기술진들의 관심과 도움에도 감사드려야겠습니다. SCM 출판사의 거듭되는 호의와 격려에도 항상 감사합니다.

나의 목적과 관심은 단 한 가지, 많은 사람들로 하여금 예수님을 잘 알 수 있도록 돕고 싶은 것입니다. 따라서 나의 방송 청취자, 그리고 이 책을 읽게 될 사람들이 살아 계신 예수님과 함께할 수 있기를 기도드립니다.

W. 바클레이
글래스고, 트리니티 신학교

사순절에 읽는 예수님의 생애 | **차 례**

추천의 글 | 김광식 목사 • 3
　　　　　최득섭 목사 • 6
서 문 • 8

　　준비 · 準備 · PREPARATION • 11

　　충돌 · 衝突 · CONFLICT • 27

　　승인 · 承認 · RECOGNITION • 44

　　수난 · 受難 · TRAGEDY • 61

　　승리 · 勝利 · TRIUMPH • 79

　　교회 · 敎會 · HIS BODY the CHURCH • 97

역자 후기 • 116
서평 | 원도진 목사 • 120

 준비 · 準備 · PREPARATION

●●●●●●●●●●●●●●●●

    기독교 세계든, 비기독교 세계든 그리스도 탄생 전과 후를 기준하여 BC와 AD의 연대를 사용하고 있습니다. 익히 아시는 대로 BC는 Before Christ, 곧 그리스도 탄생 이전의 시대를 말하고 AD는 "우리 주님의 해"(*Anno Domini*, In the year of our Lord)라는 뜻의 라틴어 약어입니다. 한 사람의 출생이 세계 연대 구분의 중심점이 되었다면 그 사람의 생애를 면밀히 알아보는 것은 결코 시간 낭비라고 할 수 없을 것입니다.

    어떤 사람 또는 사물을 연구하는 데는 두 가지 길이 있습니다.

    우선 현미경으로 보는 미시적(微視的)인 방법입니다. 요즘은 배율이 아주 높은 전자 현미경도 있습니다마는 현미경으로 들여다보는

세계는 미미한 움직임과 세세한 부분까지 볼 수 있습니다. 이에 반하여 망원경을 이용하는 거시적(巨視的)인 방법이 있습니다. 우리 앞에 펼쳐지는 광범위한 세계를 한눈에 조망할 수 있습니다. 모두가 필요한 방법이고 나름의 특성을 지니고 있습니다.

예수님의 생애를 미시적으로 본다는 것은 주님의 행적 하나하나, 말씀 한 마디 한 마디를 현미경으로 들여다보듯 가능한 한 크게, 또 세밀하게 보는 것을 말합니다. 흔히들 설교자나 신학자들이 이 방법을 사용합니다. 예수님께서 하신 한 마디의 말씀, 행위 하나하나의 의미와 교훈은 우리에게 매우 중요한 것이기 때문입니다.

그러나 현미경을 내려놓고 망원경으로 아주 넓은 시야에서 예수님의 생애를 바라보아야 할 때도 있습니다. 현미경으로 나무 하나하나를 살펴보기도 하다가 때로는 망원경으로 숲 전체를 조망하면서 우리 앞에 드러난 의미와 교훈을 찾아낼 필요가 있는 것입니다.

일찍이, 아리스토텔레스는 모든 연극은 기승전결(起承轉結)의 과정으로 이루어졌다고 했습니다. 짧은 연극도 시작과 전개 과정, 그리고 절정이 있은 후에 결말이 있습니다.

우리 역시 예수님의 생애를 몇 개의 마디로 나누어, 준비(Prepara-tion), 충돌(Conflict), 승인(Recognition), 수난(Tragedy), 승리(Triumph)의 주제로 살펴보고 마지막으로 그가 남겨주신 교회(Church)에 대하여 미시적인 방법과 거시적인 방법 모두를 사용하여 살펴볼 것입니다.

그러나 이렇게 정하기는 했지만 당장 어려운 문제에 봉착하게 됩니다. 예수님은 서른세 살의 나이로 그의 모든 생애를 마칩니다마는 30년 생애에 대하여 알려진 사실이 거의 없습니다. 예수님은 출생하

자마자 그의 탄생을 시기한 당시의 왕이 그의 목숨을 겨냥하여 학살극을 벌였고, 아기 예수가 부모의 품에 안겨 애굽으로 피난 갔다는 이야기, 그밖에 소년 시절의 한두 가지 에피소드말고는 30년 생애에 대하여 전혀 아는 바가 없습니다. 생애의 10/11을 알지 못한 채, 전기를 쓴다는 것은 어려운 정도가 아니라 불가능한 일입니다.

자, 이 일을 어떻게 하면 좋을까요?

그러나 흔히 "숨겨진 날들"이라 불리는 이 기간에 어떤 일들이 일어났는지 자세하게 모두 알 수는 없지만, 다행스럽게도 당시 역사 자료들을 통하여 예수님께서 어떤 준비 기간을 보내셨는지 추측해 보는 일은 그리 어렵지 않습니다.

### "아기가 자라며 강하여지고 지혜가 충만하며"

무엇보다 배우고 공부하는 준비가 있었습니다. 아마 소년 예수는 당시 5-6세 아이라면 누구나 다니게 되는 "책의 집"(벳 하세페르, Beth-hassepher)라 불리는 나사렛의 초등학교에 다녔을 것입니다. 그 학교의 선생님은 매일처럼 어린 아이들에게 가장 먼저 토라(Torah, 율법)를 읽고 암송하게 하였을 것입니다. 우리는 그 선생님의 이름을 알 수는 없지만 분명히, 이 "하나님의 아들"을 가르친 사람이 있었습니다. 그러니까 우리 가운데 학교에서 가르치는 교사들이 계시리라고 생각됩니다마는 우리가 알지 못하는 사이, 굉장히 많은 사람들이 우리한테서 배우고 있는 것입니다.

당시 학교에서는 모든 학생들이 자신의 책을 가지고 다니며 공부할 수 있었던 게 아니었습니다. 아직 인쇄술이 발명되기 전이어서 두

루마리에 일일이 필사한 책이 있었는데 그 값이 무척 비싸서 개인이 자신의 책을 갖는다는 것은 상상할 수 없는 일이었습니다. 그러니까 당시 사람들은 무언가를 배우려고 하면 가슴으로, 느낌으로 알아야 했습니다.

가장 처음으로 "쉐마(Shema)"를 배웠는데 이는 모든 회당에서 예배를 시작할 때 암송하는 유대교의 기본 신조(信條)입니다. 쉐마는 "듣다"의 의미를 갖는 히브리어 동사의 명령형으로 신명기 6:4-9절 본문의 첫 단어이기도 합니다. "오늘 내가 네게 명하는 이 말씀을 너는 마음에 새기고 네 자녀에게 부지런히 가르치며 집에 앉았을 때에든지 길을 갈 때에든지 누워 있을 때에든지 일어날 때에든지 이 말씀을 강론할 것이며 너는 또 그것을 네 손목에 매어 기호를 삼으며 네 미간에 붙여 표로 삼고 또 네 집 문설주와 바깥 문에 기록할지니라" (신 6:6-9).

두 번째로 할렐(Hallel)을 배웁니다. 이는 문자적으로 "하나님을 찬양하라"는 뜻으로 특히 하나님을 찬양하는 내용으로 가득한 시편 113-118편을 암송하였습니다.

세 번째는 창세기 1-5장의 천지창조와 인간과 민족의 기원과 형성에 대하여 배웁니다.

네 번째 주요 과목은 레위기 1-8장의 내용입니다. 여기서 아이들은 정결한 것과 부정한 것, 먹어도 좋은 것과 먹어서는 안 되는 것, 만질 수 있는 것과 만져서는 안 되는 것, 그리고 유대법의 정결 예식에 따라 깨끗하게 생활하는 방법을 배웁니다.

이밖에도 유대 소년들은 매우 재미있는 여러 가지를 배우게 됩니다. 당시 아이들이 각자의 책을 가질 수는 없었지만, 학교에는 두루

마리와 경문(經文)이 비치되어 있어 빌려 볼 수 있었고, 그 두루마리에서 각자 "자기 본문"이라 불리는 말씀을 찾아야 했습니다. 개인마다 다른 자기 본문은 자신의 이름 첫 글자로 시작되고 마지막 글자로 끝나면서, 문장에 자기 이름의 다른 히브리어 알파벳들이 포함되어야 합니다.

가령 잠언 15:1 말씀 "유순한 대답은 분노를 쉬게 하여도 과격한 말은 노를 격동하느니라"(A soft answer turns away wrath, but a grievous word stirs up anger)는 본문은 아브넬(Abner)이란 소년의 본문이 될 수 있습니다. 이 본문은 A로 시작되고 R로 끝나면서 B-N-E가 모두 포함되어 있기 때문입니다.

학교 선생님은 때로 매우 흥미로운 방법으로 교육하기도 합니다. 아마 소년 예수 역시 이런 방법으로 배웠을 것입니다. 당시는 종이라든지 연필과 같은 편리한 필기도구가 없었기 때문에 학교에서는 큼지막한 석판에 석필이나 분필로 글씨를 썼습니다. 선생님은 때로 꿀과 가루를 섞은 것으로 석판에 성경말씀을 써놓고 "얘들아, 이것이 무슨 글이냐?" 하고 묻습니다.

정답을 맞추는 소년은 꿀로 쓰여진 석판의 글자를 핥아먹도록 허락했습니다. 시편의 "(주의 말씀은) 꿀과 송이꿀보다 더 달도다"는 말씀은 바로 이러한 정경(情景)에서 비롯된 것입니다.

이 같은 초등교육 과정을 마치고 나면 고등교육 과정 "탈무드의 집"(벳 하탈무드, *Beth-hattalmud*)에 진학하게 됩니다. 하지만 나사렛에는 이런 학교가 없었을 터이니 소년 예수는 기본 교육만 마치고 넓은 세상으로 나아갈 준비를 하였을 것입니다.

대부분의 사람들이 팔레스타인을 땅이 비좁고 인구도 많지 않아

별로 중요하지 않은, 후미진 곳 정도로 알고 있지만 실상은 그렇지 않습니다. 물론 팔레스타인 땅이 작은 것은 사실입니다. 남북이 126마일 정도, 동서가 46마일 정도 되니까요.

그러나 팔레스타인은 그 크기에 비해 훨씬 중요한 교통의 요충지로 정치, 사회적으로 매우 중요한 위치를 차지하면서 역사적으로도 매우 중요한 역할을 담당해왔습니다. 지금도 크고 작은 사건들로 세계를 긴장시키고 있지 않습니까?

소년 예수는 산으로 둘러싸인 분지 나사렛에서 자라났는데 그가 뒷산 꼭대기에 올라서 내려다볼 때는 아마도 이집트에서 올라온 카라반[隊商]들이 갈릴리 호숫길을 지나 다메섹과 시리아, 그리고 멀리 극동까지 이동하는 행렬을 보았을 것입니다. 이 길은 "해변의 길"이라 불렸는데 오래 전부터 카라반과 지방 상인들, 여행객과 군대의 통로였습니다. 이 길은 옛날 요셉의 형제들이 요셉을 "미디안 상인들"에게 팔았을 때, 요셉이 노예로 팔려갔던 바로 그 길입니다.

산꼭대기에 오른 소년 예수가 눈을 돌려 남과 북을 보았다면 이번에는 훗날 십자군 전사들이 정박했던 돌레미(Ptolemy) 항구에 이르는 길이 보였을 것입니다. 당시 그 길은 동쪽으로 이어져 로마 제국의 동쪽 국경 파르티아(Parthia)에 이르렀습니다. 그 길에서 소년 예수는 급히 오가는 카라반은 물론 "로마의 평화"를 지키기 위한 로마 제국의 군인들이 행군하면서 절거덕거리는 군화 소리를 듣게 되었을 것입니다.

그리고 서쪽으로는 지중해의 끝없이 넘실거리는 물결과 많은 배들이 이탈리아로, 그리스로 멀리 스페인과 영국에까지 오고가는 광경을 보았을 것입니다. 기원 1세기에도 페니키아의 용감한 선원들이 영국 콘월에서 캐낸 광석을 실어 나르고 있었습니다.

소년 예수는 나사렛에 살고 있었지만 뒷문만 열면 그 길은 땅 끝까지 이르고 있었다는 뜻입니다. 그는 다만, 나사렛 동네 뒷산에 오르기만 하면 되었습니다. 당시 모든 문명세계로 통하는 길이 그 앞에 펼쳐졌습니다. 소년의 시선은 길고도 멀었고 그 생각은 깊었습니다. 게다가 소년 예수에게는 하나님의 세계에 대한 자신의 사명에 대한 깊은 숙고가 있었습니다.

### "순종하여 받드시더라"

먼저 이야기할 것은, 소년 예수는 세상을 구속할 구원사업을 이루기 위한 모든 것을 그의 시골집에서 준비하였다는 사실입니다.

이 점에 대해서 많은 사람들이 시시하게 여기면서 의아해 합니다. 세상의 구주이신 예수께서 33년 생애 가운데 왜 30년씩이나 나사렛과 같은 한적한 시골에서 이름 없는 노동자로 지내셨는지 이해하기 힘들다는 것입니다.

예수께서 아주 어렸을 때 양부 요셉이 세상을 떠났을 것이라는 주장에 대해 많은 사람들이 동감하고 있습니다. 그러니까 소년 예수는 어머니와 동생들을 위해 힘든 집안 일을 해야 했을 것입니다.

언젠가 예수님은 칭찬받는 종에 대한 비유 말씀을 주시면서 "너희 중 누구에게 밭을 갈거나 양을 치거나 하는 종이 있어 밭에서 돌아오면 그더러 곧 와 앉아서 먹으라 말할 자가 있느냐 도리어 그더러 내 먹을 것을 준비하고 띠를 띠고 내가 먹고 마시는 동안에 수종들고 너는 그 후에 먹고 마시라 하지 않겠느냐 명한 대로 하였다고 종에게 감사하겠느냐 이와 같이 너희도 명령받은 것을 다 행한 후에 이르기를 우리는 무익한 종이라 우리가 하여야 할 일을 한 것 뿐이라 할지니라"(눅 17:7-10)고 하시는데 이는 곧 예수님 당신의 "자서전적"인 말씀일 것입니다. 당신께서 먼저 나사렛에서 가족들을 부양하기 위하여 힘든 노동을 하지 않으셨다면 결코 세상의 구주가 되지 못하셨을 터이기 때문입니다. 그는 작은 일에 충성하였던 고로 큰 일도 능히 충성스럽게 이루실 수 있었던 것입니다.

예수님 당시 사람들이 그를 "목수"라고 깔보는 말투로 부르는데 (마 13:55; 막 6:3) 예수님을 목수라고 부를 때의 헬라어는 테크톤(tekton)입니다. 호머에서도 그런 용례가 나옵니다마는 테크톤은 본래 "배를 건조하는 조선(造船)업자"를 부르는 말이었습니다. 그러니까 예수님을 "테크톤"이라 하면, 우리가 여느 시골에서 만날 수 있는 목수 이상의 의미를 갖습니다. 대개의 경우 농기구를 만들기도 하지만 끌과 대패, 망치와 톱 같은 철 연장을 만들기도 하고, 집을 설계하고 짓기도 하며, 상(喪)이 나면 관(棺)도 짜고 학교에서 필요한 책걸상을 만들기도 하고, 또 마을의 다리도 놓는, 이를테면 나무와 철과 돌을 자유자재로 다루는 만능 기술자를 말합니다. 바로 이런 일들이 청년 예수께서 하신 일들입니다.

전설에 의하면 전 갈릴리에서 목수 예수님이 만든 멍에가 가장 좋았다고 합니다. 그래서 나사렛 목공소는 그가 만든 멍에를 사려는 사람들로 늘 문전성시를 이루었다는 것입니다. 당시에도 오늘날의 브랜드 비슷한 게 있어서 사람들은 제조한 목수와 목공소를 식별할 수 있었는데 아마 나사렛 목공소 문에는 "우리 멍에는 쉽습니다"라는 광고 카피가 걸려 있었을지도 모르겠습니다.

훗날 예수님은 "수고하고 무거운 짐 진 자들아 다 내게로 오라 내가 너희를 쉬게 하리라 나는 마음이 온유하고 겸손하니 나의 멍에를 메고 내게 배우라 그리하면 너희 마음이 쉼을 얻으리니 이는 내 멍에는 쉽고 내 짐은 가벼움이라"(마 11:28-30)고 말씀하셨는데 여기서 "쉽다"는 말은 구두가 신기에 편하다, 저고리가 잘 맞는다는 의미입니다. 그런 의미에서 "예수님의 멍에는 잘 맞습니다."

이 말은 동시에 예수님은 일하는 사람, 노동자라는 뜻입니다. 청년 예수는 온 가족의 생계를 책임질 만큼 열심히 일했던 것입니다.

얼마 전 나는 열두 어 명의 신학생들을 우리 집으로 초청해 목회를 위한 훈련에 대해 이야기한 적이 있는데 목회자 후보생들은 하나같이 현재의 우리의 목회훈련이 산업사회에 적응하기에는 상당히 부족하다고들 조심스럽게 이야기했습니다. 그들 대다수가 산업현장에서 일한 경험이 있었는데 앞으로 이러한 면에 대한 이해가 깊어져야 한다고 했습니다. 그 중에 한 학생이 갑자기 나에게 물었습니다. "바클레이 박사님, 박사님도 노동이라고 부를 만한 일을 해 보신 적 있습니까?"

아마, 이러한 질문을 주님에게 했더라면 이렇게 대답하셨을 것입니다. "물론이지, 노동은 바로 나의 일상이었는걸."

예수님은 또한 대가족의 일원으로서 감당해야 할 어려움도 충분히 이해하고 있었습니다. 그에게는 여러 명의 형제와 여동생이 있었고 여러 가족이 함께 살게 됨에 따라 발생하는 압박감과 긴장도 알았습니다.

예수님은 하나님을 "아버지"라고 불렀는데 겟세마네에서의 마지막 기도에서는 "아빠, *Abba!*"라고 부르십니다. 사도 바울 역시 로마서 8장과 갈라디아서 4장에서 하나님을 "아빠"라고 부르는 것을 볼 수 있는데, 이 말은 유대인 어린 아이들이 가족간에 자기 아버지를 부르는 애칭입니다. 지금도 예루살렘 거리를 걷다 보면 또 유대인 가정에서 어린 아이들이 "아빠, Abba!" 하고 부르는 것을 들을 수 있습니다. 이는 영어에서 "Daddy!"에 해당하는 호칭을 하나님께 사용한 것인데 여기에서 부성(父性), 즉 아버지와의 관계에 대해서 예수님의 생각이 배어납니다. 그러니 요셉은 얼마나 자상하고 부드러운 아버지였겠습니까?

예수님께서 나사렛의 집에서 매일같이 보았던 두 가지를 더 이야기해야겠습니다.

보통 유대인들은 구약에서 옷 술(민 15:38-39)이라 부르는 것을 걸쳤습니다. 옷 술이란 양끝이 옷에 연결된 긴 수건과 같은 것으로 흰색 실과 푸른색 실로 엮어 짠 천입니다. 매일 아침 유대인들은 이 술을 걸치면서 스스로에게 "나는 하나님의 사람이로라"고 말합니다. 또 저녁에 그 옷 술을 벗으면서 또 스스로에게 말합니다. "나는 하나님의 사람으로 살았노라."

그러니까 모든 유대인들은 아침저녁으로 이 술을 보며 자신이 하나님의 사람인 것을 확인하고 또 그렇게 되기를 스스로 다짐하였던 것입니다.

유대인의 집 입구에 들어가면 먼저 문설주에 "메주자"(mezuzah)라 불리는 원통 모양의 작은 곽이 매달려 있는 것을 볼 수 있습니다. 지금도 모든 가정집은 물론 관공서, 호텔 방문에도 이 메주자가 달려 있습니다. 그 작은 곽 안에는 성경의 특별한 구절을 적은 종이가 있고, 작은 구멍을 통하여 그 성경구절을 적은 종이에서 하나님의 이름이 보입니다. 경건한 유대인들은 집을 드나들 때마다 이것을 손으로 어루만지거나 입술을 대는 것으로 하나님을 기억하게 됩니다.

### "내 아버지 집에 있어야 될 줄을 알지 못하셨나이까?"

통상, 유대 소년이 열두 살이 되면 율법의 아들, "바 미즈와"(*Bar Mizwah*)라는 성인식을 통하여 어른 대접을 하면서 그 스스로의 언행에 책임을 지도록 했습니다.

AD 1세기까지 유대 전역은 물론 당시 로마 판도 내의 유대 성인 남자들은 예루살렘 성전에서 열리는 큰 축제, 곧 칠칠절, 장막절, 그리고 유월절에 참석하여야 하는 것이 의무였습니다.

소년 예수 역시 열두 살이 되어 첫 번째 맞는 유월절에 가족과 함께 예루살렘 성전을 방문합니다. 예루살렘에 가기에 앞서 6주 동안 회당에서 이 예식의 의미와 참예 방법과 절차를 배웁니다.

소년 예수는 예루살렘에 올라가는 도중 곳곳에서 사람들이 순례자들을 위하여 길을 보수하는 것을 보았을 것입니다. 예루살렘으로 통하는 길은 노래를 부르며 걸어가는 순례자들로 가득하였을 것이고, 예루살렘이 가까워오면서 한적한 시골에서만 자란 그는 거룩한 도성에서 유월절을 지킨다는 사실에 벌써부터 가슴이 뛰기 시작하였을 것입니다. "내가 산을 향하여 눈을 들리라, 나의 도움이 어디서 올까? 나의 도움은 천지를 지으신 여호와에게서로다!" "만군의 여호와여 주의 장막이 어찌 그리 사랑스러운지요?"

유월절 축제에서 하이라이트는 양을 잡는 일입니다. 그러나 그 양을 푸줏간에서 잡게 할 수는 없었습니다. 그 양은 희생제물로서 성전

뜰에서 잡아 제사를 드릴 수 있도록 산 채로 가져와 제사를 드린 후 일부는 유월절 음식으로 먹고 피는 여호와께 속한 것으로 하나님께 드려야 합니다. 이 때문에 양을 정해진 곳까지 끌고 가야 했습니다.

양을 몰고 간 곳과 제단 사이에는 제사장들이 두 줄로 늘어서 있습니다. 늘어선 제사장 중 하나가 양을 취해 칼을 목에 긋고 제단 앞 황금 주발에 피를 쏟으면, 주발이 제사장들의 손에 전달되고 피는 제단에 부어집니다.

AD 60년경, 팔레스타인 지역의 총독 케스티우스가 네로 황제에게 유대인들에게 있어 유월절이 얼마나 중요한 것인지를 알리기 위해 작성한 보고서가 기록으로 남아 있습니다. 그 보고서는 AD 64년 유월절 축제기간에 죽인 양의 숫자와 함께 도성에 모인 사람의 수를 추산하고 있습니다. 대개 열 사람 당 한 마리의 양을 잡으니까 양의 숫자에 열을 곱하면 되는데, 그 해에 죽인 양의 수가 256,500마리였다는 것입니다.

자, 발목까지 차는 피는 물결을 이루며 흐르고, 피비린내로 가득했을 성전 뜰을 한번 상상해 보시기 바랍니다.

소년 예수는 아마 마음속으로 말했을 것입니다. "사람들은 하나님을 찾아 이 먼 길을 왔겠지, 그리고는 짐승의 피로 성전 마당을 흐르게 하는 거지, 그런데 이건 아니야! 이런 피로는 아니야. 여기엔 하나님이 계시지 않아."

"거기에 하나님이 계시지 않는다!"

이것은 소년 예수의 환상을 깬 가장 충격적인 일이었습니다.

유월절 기간 성전에서는 또 하나의 행사가 있었습니다. 세 명절 가운데 유월절 기간에만 유대인의 최고 법률기관 산헤드린(Sanhedrin)

의 의원들이 공개석상에서 사람들과 만나 질문에 대답하는 공개 토론회가 열렸습니다. 소년 예수 역시 토론이 벌어지는 행각에 가 보았습니다.

그러나 그 토론이 아무런 의미도 없다는 것을 알고 곧 흥미를 잃어버리고 말았습니다. 거기서 토론되고 있는 것들은 기껏해야 사람들이 안식일에 몇 마장이나 걸을 수 있느냐, 안식일에 어느 정도의 무게만큼 들고 다녀야 죄가 되지 않느냐, 율법의 점과 획 등 의미 없는 이야기들뿐이었습니다. 소년 예수의 환상이 다시 한 번 깨지고 말았습니다. 하나님을 찾아 이곳에 온 사람들이 겨우 이런 이야기들에 취(醉)해야 하는 것이었습니다. "하나님은 거기에 계시지 않는다, 하나님은 거기에 계시지 않는다."

그는 깊이 생각했습니다. "내가 이곳에 하나님이 계시게 해야 한다, 이 제사장과 서기관들의 말에, 생각과 행위에 하나님이 계시도록 해야 한다."

그는 무엇보다 하나님의 임재하심을 기대하며 성전제사에 참여했는데 강처럼 흐르는 붉은 피의 홍수 속에서 하나님은 찾을 수 없었습니다. 또 제사장들, 신학자들을 찾아갔지만 그들의 논쟁 가운데서도 역시 하나님은 계시지 않았습니다. 그 때 갑자기 강력한 생각의 불꽃이 그의 영롱한 눈 사이에서 반짝 하고 빛났습니다. "네가 그들을 하나님 앞으로 인도하여야 할 것이니라, 네가!"

이제 그는 자신이 해야 할 일을 알았습니다. 그러나 아직은, 언제 어떻게 그 일을 해야 할는지 알지 못하였습니다. 다만, 이 백성들을 하나님 앞으로 인도해야 한다는 강한 운명과 같은 의무감이 그에게 말했습니다. 소년 예수는 성전에서 기다리기로 했습니다.

예루살렘에서의 축제가 끝나고 그의 부모들은 나사렛을 향해 내려갔습니다. 요셉과 마리아로서는 당연히 예수께서 또래 아이들 일행 가운데 있으리라고 생각했을 것입니다. 마리아와 요셉의 이러한 생각은 잘못된 것으로 비난받을 수는 없습니다. 일행 가운데 잘 걷지 못하는 여자와 어린아이들을 한나절 전에 출발시키는 관습은 중동 지역 카라반 사이에서는 일상적인 것이었기 때문입니다. 남자들은 한나절 정도 늦게 출발하여 가족들은 저녁 시간 첫 야영지에 이르러서야 만날 수 있었습니다. 그러니까 요셉은 예수께서 마리아와 함께, 마리아는 요셉과 함께 있을 것으로 여겼다가 야영지에 가서야 그가 일행 가운데 없다는 것을 알고는 부랴부랴 예루살렘으로 돌아온 것입니다. 당시의 관습으로는 자연스러운 일입니다.

마리아와 요셉은 예루살렘 골목마다, 가게마다 예수를 찾았습니다. 마지막에 한 소년이 성전에서 제사장들과 이야기하고 있다는 말을 듣고는 허겁지겁 성전으로 달려갔습니다. 그리고 그곳에서 소년 예수를 만난 마리아는 반가운 마음에 소리쳤습니다. "아이야, 어찌하여 우리에게 이렇게 하였느냐? 보라, 네 아버지와 내가 근심하여 너를 찾았노라."

이에 대한 어린 예수님의 대답은 간단하면서도 단호하였습니다. "어찌하여 나를 찾으셨나이까. 내가 내 아버지 일에 관계하여야 할 줄을 몰랐나이까?"

이 대답은 확고한 것이었습니다. 우선 "아버지"의 호칭을 요셉에게서 하나님께로 이양하신 것이고, 이 말은 그의 의식 가운데 이미 자신과 하나님의 관계가 유일할 정도로 독특한 관계에 있으면서 자신이 앞으로 해야 할 일을 이해하고 있다는 의미입니다.

사실, 그 길은 아주 멀고 험한 길이었습니다. 헤쳐가야 할 것, 또한 배워야 할 것도 아직 많았습니다.

그는 곧 부모와 함께 나사렛으로 돌아와 요셉의 목공소에서 최선을 다해 일하였습니다. "예수께서 함께 내려가사 나사렛에 이르러 순종하여 받드시더라"(눅 2:51).

그로부터 또 다른 18년의 "숨겨진 삶", 그러나 특별할 것이 없는 평범한 순종의 삶이 계속되었습니다. 그리고 그의 나이 30이 되는 해, "그의 때"가 돌발적으로 임합니다.

### "광야에서 외치는 자의 소리가 있어"

그의 아늑한 은둔의 시간은 세례 요한의 등장으로 끝이 납니다.

갈릴리 호수에서 흘러 내려온 요단 강이 긴 협곡을 따라 흐르다가 유대 광야와 만나는 그곳에서, 요한이 수천 명의 사람들에게 세례를 베풀고 있었습니다. 당시 쿰란 동굴 부근에서는 "빛의 자녀들"이라는 무리들이 공동생활을 하면서 매일 성결하게 하는 예식을 행하였는데 이 결례(潔禮)를 일반 백성에게도 베푼 것입니다.

유대인들에게서 요한의 세례가 특이하게 여겨졌던 것은 이전 유대 전통에서 세례를 베푼 적이 결코 없었기 때문입니다. 세례는 죄와 얼룩으로 오염된 몸과 영을 씻는 일종의 입교의식으로 행하였습니다. 그런데 유대인은 하나님의 택하심을 받은 선민으로 세례의식이 필요 없다고 생각하였습니다.

이방인? 옳지! 이방인이라면 모르지만 유대인에게는 필요 없는 것이라고 여겼던, 이전에 없던 초유의 정결 예식에 수많은 사람들이 몰려는 것입니다.

이제 장년이 된 예수님 역시 그 소문을 들었습니다. 그리고 부르심의 음성을 들었습니다. 마침내 그의 시간이 온 것입니다. 그가 요단강 언덕에 이르렀을 때 하늘에서 음성이 들렸습니다. "이는 내 사랑하는 아들이요 내 기뻐하는 자라!"

이 선언은 두 개의 본문이 병합된 말씀입니다.

"이는 내 사랑하는 아들이요." 시편 2:7 말씀은 전통적으로 유대에서의 왕 대관식 때 낭송하는 말씀으로 권위와 위엄, 능력과 권세, 왕권을 나타냅니다.

"내 기뻐하는 자라." 이는 이사야 42:1의 말씀으로 이사야 53장에서 절정을 이루는 "고난 받는 종" 노래의 일부입니다. 우리의 죄악과 허물 때문에 찔리고 상하면서 우리로 평화를 누리게 하기 위하여 채찍 맞고 징계를 받게 될 수난의 종의 모습을 노래한 것입니다.

그러므로 예수님 안에서 나타날 메시아 직임(職任)은 왕권과 동시에 피와 땀과 눈물입니다.

예수님 역시 자신 앞에 있는 왕위(王位)의 참 의미를 보았습니다. 그러나 그 왕권은 엄청난 희생을 요구하는 것이었습니다. 이것을 잘 아는 그는 이제 십자가를 향하여 큰 걸음을 내딛게 됩니다.

# 충돌 · 衝突 · CONFLICT

한 사람이 위대한 일을 시작하려고 할 때 먼저 가져야 하는 가장 근본적인 질문은 "무엇"을 먼저 시도해야 하는가 하는 것이며, 다음으로 그것을 "어떻게" 수행할 수 있을 것인가 하는 방법을 알아야 할 것입니다. 이것은 바로 예수님이 직면하셨던 문제이기도 하였습니다.

요단 강 가에서 요한이 세례를 베푸는 것이 기폭제가 되어 예수님은 자신의 시간이 다가온 것을 알았습니다. 그는 하나님의 뜻을 사람들에게 알리면서 사람들을 하나님 앞으로 이끌어야 하는 자신의 의무를 알았습니다. 다만 그에 앞서 한 가지, 과연 이 일을 어떻게 수행할 것인가를 결정해야 했습니다.

먼저 이 일을 어떻게 시작할 것이냐 하는 것을 결정해야 했고 그 대답은 곧 "큰 충돌, 대 투쟁"이었습니다. 이 거대한 투쟁은 큰 유혹으로 시작되었는데 그것은 우주적인 것으로서 예수님께서는 먼저 자신에게 맡겨진 구원의 대 역사를 어떻게 시작할까를 결정하는 중대한 일이었습니다.

### "광야에서 사십 일을 계시면서 사단에게 시험을 받으시며"

예수님께서 시험받으신 이야기를 세세하게 살펴보기에 앞서 먼저 몇 가지 알아 둘 게 있습니다.

시험받으신 내용은 복음서뿐 아니라 신약성경의 여러 기사 가운데 가장 신비한 내용에 속합니다.

우선 시험받으신 기사의 원 출처가 바로 예수님 자신이라는 사실에서 특이합니다. 복음서의 여느 기사와는 달리 이 일에는 목격자가 없습니다. 이 일은 베드로, 요한 등 아직 제자들을 택하시기 전, 주님 홀로 광야에 계셨을 때 일어난 일로 훗날 제자들에게 예수님께서 친히 들려주신 자신의 체험담으로 유일한 이야기이기도 합니다.

그리고 여기서 시험(temptation)이란 말은 요즘 독자들을 오도(誤導)할 수 있는 말이기도 합니다. 헬라어에서 유혹으로 쓰인 페이라소메노스(peirasomenos)는 17세기 흠정역 성경에서 temptation이 의미하는 바와는 상당히 다른 것입니다. 우리는 temptation이라는 단어에서 어떤 사람을 꾀어 죄를 짓게 하는 유혹을 연상하지만 동일한 흠정역 창세기 22:1은 "주께서 아브라함을 시험하사"로 시작하고 있습니다. 이 본문은 아브라함이 외아들 이삭을 번제물로 바치는 기사의 서두인데 우리 중에 누구라도 하나님께서 아브라함을 꾀어 죄 짓게 하실 거라고 생각하는 이는 없을 것입니다. 오히려 본문은 "주께서 아브라함을 테스트하사"라는 것입니다. temptation은 유혹이 아니라 test하는 의미를 지니고 있습니다.

이 말은 본래 왕께서 어떤 특별한 임무를 맡길 사람에게 미리 사신을 보내 그가 과연 이 일에 적임자인지 그 능력을 미리 테스트 해보는 것을 의미합니다.

그러므로 우리는 이 본문의 내용으로 예수님께서 유혹을 받으셨다기보다 주님 앞에 놓여진 인류 구원의 대 역사적인 사명을 위하여 적절한 방법을 선택하실 것인가를 테스트 받으신 이야기로 이해해야 할 것입니다.

나는 시험받으신 이야기를 읽으면서 우리 눈에 볼 수 있도록 사단이 외형적인 모습으로, 가령 사람의 모습을 하고 예수님 앞에 나타났다고 생각하지는 않습니다. 마귀가 주님을 데리고 순식간에 지극히 높은 산, 곧 천하 만국과 그 영광이 보일 만한 산으로 데려갔다고 했는데 이 지구상에 온 세상을 한눈으로 보여줄 만한 지점은 아무 데도 없습니다.

이 일은 예수님의 마음 속에서 이루어진 일이고 바로 우리 안에서 작용하는 유혹의 방법이기도 합니다.

우리가 유혹에 이끌릴 때는 먼저 우리가 갖고 싶은 것, 해서는 안 될 것들의 그림이 우리 마음속에 그려집니다. 하지만 그러한 것들이 실체가 아니듯, 예수님의 마음 속에서 일어난 시험 역시 실제로 일어난 일이라기보다는 마음 가운데 그려진 일일뿐입니다.

또 한 가지, 우리는 이 시험의 기사를 읽으면서 첫 번째 시험이 끝난 뒤 막이 내리고 곧 이어 두 번째 시험이 행해지고 또 막이 내리고 세 번째 이렇게 순차대로 시험이 있었을 것으로 생각하기 쉽지만 사실은 주님의 마음과 뇌리 속에서 긴 시간 동안 끊이지 않고 이 처절한 싸움은 계속되었다고 생각하는 것이 옳을 것입니다.

그리고 이 시험을 받으신 시점을 눈 여겨 볼 필요가 있습니다.

시험은 예수님께서 요단 강에서 세례를 받은 직후 일어났습니다. 예수님께서 세례를 받으시고 곧 물에서 올라오실 때 하늘이 갈라짐과 성령이 비둘기같이 자기에게 내려오심을 보았고, 하늘에서 "너는 내 사랑하는 아들이라 내가 너를 기뻐하노라"는 음성이 들렸습니다.

마가의 설명에 의하면 "성령이 곧 예수를 광야로 몰아내신지라."

세례를 받으시고 하늘에서 음성을 들은 가장 좋은 순간 그 즉시 테스트라는 거대한 충돌이 찾아 온 것입니다.

우리는 흔히 전도할 때, "예수님을 영접하세요. 큰 기쁨과 평안, 그리고 편안한 쉼을 얻게 될 겁니다"라는 말을 합니다. 또 그런 말을 많이 들었을 것입니다. 물론, 그 말은 곧 진리입니다.

그러나 이는 절반의 진리일 뿐입니다. 흔히 그렇듯이 이 절반의 진리는 매우 위험합니다. 예수 그리스도를 영접할 때, 새로운 문제가 시작됩니다. 아직까지는 낮은 수준의 가치와 삶에 만족했지만 그리스도 안에 있는 새로운 질서에 직면할 때, 큰 충돌과 갈등이 일어납니다.

주님 역시 가장 중요한 순간, 세례를 받은 직후에 대 충돌, 큰 싸움을 맞으셨습니다. 주님에게 일어난 일은 오늘 우리에게도 그대로 일어날 수 있습니다.

주님은 매우 어려운 상황에 처해 있었습니다. 그러나 그는 결코 자신에게서 시작하시지 않았습니다. 그의 목표는 오로지 사람들에게 하나님을 가르쳐 알게 하는 것이고 또 사람들을 하나님 앞으로 이끌어내는 일이었습니다. 문제는 예수님만이 이 일에 대해 깊이 숙고하는 유일한 분이셨으며, 동시에 이 일을 수행할 유일한 사람이었던 점입니다.

사실, 유대인들은 오랫동안 이 일을 감당할 사람, 메시아를 고대하고 있었습니다. 오랜 역사를 거치면서 그들이 생각한 메시아는 큰 위엄과 권세로 이스라엘 군대를 지휘하여 저 사악한 헤롯 왕가와 로마를 팔레스타인 밖으로 던져버리고, 마침내 유대인들이 막강한 군사력으로 온 세상을 다스리게 될 것이라는 것이었고 예수님 역시, 그들에게 과연 위엄 있고 강력한 능력의 정복자요, 왕으로서 메시아의 모습을 보여주어야 할지를 결정해야 했습니다.

이러한 생각은 예수님에게도 유혹이 되었습니다. 영광의 메시아, 위엄 있는 모습으로 하나님의 군대를 호령하여 마침내 승리하게 될 메시아, 사람들의 갈채를 받으며 환호 받는 메시아의 모습은 누구에게나 솔깃한 모습이었을 테니까 말입니다.

이 테스트의 무대를 마련하기 위하여 예수님은 홀로 광야를 향해 무거운 발걸음으로 나가셨습니다.

예루살렘과 사해 중간에 있는 유대 광야는 유대 사람이라면 누구나 가기를 꺼려하는 무시무시한 곳이었습니다. 사람들은 그 광야를 황무지, 버려진 땅이라는 뜻에서 예시몬(jeshimon)이라 불렀습니다. 우리는 흔히 광야를 모래 언덕이 끝없이 펼쳐진 사막 정도로 알고 있지만 유대 광야는 모래바다가 아니라 석회암이 카펫처럼 온 땅을 뒤덮고 있는 지역입니다. 생물체를 찾아보기 힘듭니다. 여기저기 짐승 뼈의 잔해만 흩어져 있을 뿐 그곳은 생명체를 거부하는 땅입니다. 낮에는 높은 복사열로 오븐 속과 같은 열기로, 밤에는 견디기 어려운 한기로 어떤 생명체도 살아남기 어려운 곳입니다.

### "네가 만일 하나님의 아들이어든"

이렇게 예수님께서는 큰 싸움을 하기 위하여, 그리고 당신이 하시려는 일을 분명히 하기 위해 광야에 나아가 홀로 40주야를 금식하며 기도하십니다.

얼마 지나지 않아 가장 중요한 시험이 그를 엄습하였습니다. 그 시험은 다른 어떤 것보다 심각한 것으로 피하기 어려운 목소리였습니다. "네가 만일 하나님의 아들이어든 명하여 이 돌들로 떡덩이가 되게 하라."

"만일!" 예수님 스스로에게 말하는 음성이었습니다. "내가 정말로 하나님의 아들이 아니냐, 지금 많이 배가 고프지? 나는 스스로 배고픈 문제를 해결할 능력이 있지 않느냐. 또 저 수많은 굶주린 사람들이 있지 않느냐. 저 사람들을 좀 깜짝 놀라게 해 보아라, 사람들이 나를 따라오지 않겠느냐, 그렇지 않아?"

무엇보다 이 시험은 하나님의 소명에 대해 의심을 불러일으키는 것이었습니다.

예수님께서 이 의심을 받아들였다면 그것으로 모든 것이 끝나버리고 말았을 것입니다. 그의 부르심에 대한 의심은 그의 모든 말과 행위를 모두 뒤틀리게 하여 모든 것을 무효로 만들어 버렸을 테니까 말입니다.

이 근본적인 문제에 직면하신 예수님은 단호하게 하나님께서 원하시는 방법으로 물리치셨습니다.

유대 광야에는 마치 빵 덩이와 같이 둥글둥글한 돌멩이들이 널려 있었고 그것을 보는 것만으로도 예수님은 더욱 시장기를 느꼈을 것입니다.

당시 사람들은 오늘날 우리가 먹는 빵과는 달리 아침식사용 작은 비엔나 롤빵과 같은 것을 먹었습니다. 어린 소년이 점심으로 먹으려고 다섯 개의 빵과 두 마리의 물고기를 가지고 왔다가 예수님께 드려 5천 명이 먹고 남게 하신 바로 그 빵은 겨우 어린 소년이 먹기에 적당한 크기였습니다.

굶주림이라는 고통은 가장 실제적인 유혹으로서 누구에게나 견디기 어려운 시험입니다. "이것들을 명하여 떡덩이가 되게 하라."

예수님의 마음에는 무수한 생각이 오갔을 것입니다. "사람들이 나를 따라오게 만들어야 하는데, 이 사람들의 배고픈 문제는 해결해 줘야 하는 게 아닌가. 더 넓고 좋은 집, 더 많은 돈과 더 좋은 일거리, 더 높은 지위. 그래서 이 사람들로 아, 그런 정도야 이미 우리에게 있소 하고 말하게 해야지 않을까. 그렇게 하면 사람들이 만족해 하면서 나에게 내가 세상 끝날까지 당신을 따르겠나이다 하지 않을까?"

그러나 그는 곧 머리를 흔들었습니다. "아니야, 이 세상의 모든 것들을 다 주어도 그들을 만족시킬 수는 없어. 단 한 가지! 사람들을 만족하게 하는 것은 하나님의 말씀뿐이야. 나는 사람들에게 바로 그것을 주어야 해!"

두 번째 시험은 좀더 이상적인 방법으로 보입니다. "자, 표적을 좋아하는 사람들을 좀 깜짝 놀라게 해주는 방법은 어떨까? 좀 감동적인 것, 놀라운 일, 좀 희한한 일로 이 사람들을 정신 못 차리게 하면 나를 따라오지 않을까?"

이 때, 아마 두 군데가 예수님의 마음에 떠올랐을 것입니다. 하나는 성전 동편 난간입니다. 까마득하게 치솟은 성전의 동편 처마는 기드론 골짜기 바닥에서 430피트나 되어서 사람들은 현기증이 일어 내려다 볼 수조차 없었습니다. "그래, 거기서 뛰어내려서 바닥에 사뿐히 내려앉는 거야. 얼마나 멋지게 보일까? 사람들이 박수치면서 나를 따라오지 않을까?"

또 다른 한 곳은 성전의 안토니오 망대, 감시 초소였습니다. 거기서는 성전의 모든 곳을 샅샅이 살펴볼 수 있었습니다. 이 망대에서 내려다보이는 성전 뜰은 아침과 저녁, 하루에 두 번씩 기도하는 사람들, 희생제물을 바치는 사람들로 발 디딜 틈이 없습니다. "자, 거기 사람들이 모여 희생 제물을 드릴 때 뛰어 내려 아무 데도 다친 곳이 없으면 굉장하겠지! 얼마나 멋진가!"

그러나 이번에도 주님은 이내 머리를 가로 저었습니다. "아니, 그럴 순 없지. 그렇게 깜짝 놀라게 하는 방법으로 사람들을 따라오게 할 수는 없어. 속담에도 있잖아? 아흐레의 기적은 아흐레의 기적일 뿐이야. 열흘째는 아무도 그 일을 기억하지 못해. 사람들은 더 크고 자극적인 일을 요구할 거고 그렇게 되면 끝이 없어. 그 사람들의 요구를 어떻게 감당할 거야? 그 방법은 결코 사람들을 하나님께로 인도하지 못해. 오히려 사람들을 하나님에게서 멀어지게 할 뿐이야. 그것은 믿음도 아니야. 어리석은 짓이지. 그런 방법은 합당치 못해!"

그러자 이번엔 세 번째 생각이 파도처럼 밀어닥칩니다. 갑자기 그의 눈앞에는 영광스러운 세계가 끝없이 펼쳐집니다. 사실, 예수님말고는 어느 누구도 이 세계를 그처럼 조망할 수 없습니다. 그는 세계를 바라보며 다시 생각에 잠깁니다. "참 영광스럽고 찬란한 세상이구나. 여기서 조금, 아주 조금 타협하면 좋지 않을까. 중간의 길도 있지 않아? 왜 나는 모든 종교에도 선한 것이 있다고 말하지 못하는가? 조금 혼합하면 어때? 왜 나는 이렇게 고지식한 거지?"

로마의 한 신전 입구에는 이렇게 새겨져 있습니다. "신의 이름은 모든 종교가 함께 나누는 것인즉, 그런 고로 그에게 이르는 길은 여럿 있지 않겠느뇨. 각각 찾을지니라."

그러나 이번에도 곧 예수님은 고개를 크게 저었습니다. "아니야, 하나님은 하나님이고 사단은 사단일 뿐이야! 옳은 것은 옳고 그른 것은 그른 것일 뿐이야. 하나님께 이르는 길은 단 하나야. 나는 그 길을 취하겠노라!"

이로서 예수님은 가장 크고, 중대한 첫 번째 충돌에서 승리하신 것입니다.

### "율법의 더 중한 바 정의와 긍휼과 믿음은 버렸도다"

첫 번째 투쟁에서 승리하신 예수님은 곧 더욱 크고 상대하기 힘든 세력과 대면하게 됩니다.

이번에는 아주 구체적인 것입니다. 그리고 예수님께서 자신이 설정한 길로 가시고자 하면 반드시 거쳐야 할 관문이기도 합니다.

분명히 말할 수 있는 것은 "유대인들은 율법을 가지고 있었습니다."

그런데 이 말을 유대인들에게 하면 "아니오, 율법이 우리를 가지고 있습니다"라고 말할 것입니다. 유대인들이 율법을 지키는 것이 아니라 율법이 유대인들을 지킨다는 말이 훨씬 자연스러운 말이 됩니다.

유대인들은 율법이라는 말을 두 가지 의미로 사용합니다.

한 가지는 구약에 기록된 좁은 의미의 율법입니다. 십계명을 비롯해 율법이 기록된 구약성경의 처음 다섯 권의 책을 말합니다. 그들은 이 율법을 확고한 것으로 신성시하였습니다. 율법은 더해질 수도 없고 감해질 수도 없는 완전한 원리로서 유대 민족에 부과되어 개개인의 삶은 물론 민족적인 모든 일에도 표준이 됩니다.

그러나 많은 유대인 신학자들과 지도자들은 이 율법을 지극히 신성시한 나머지 거룩한 율법을 쉽게 다루는 것은 위험하다고 여기고 그들의 종교와 일상적인 삶에서 이러한 경우에는 이렇게, 저러한 경우에는 저렇게 하라는 식의 모든 경우에 충당할 규칙들을 만들게 됩니다. 그리하여 구약의 율법에서 수천 개의 문자적인 조항을 만들었고 이 역시 넓은 의미에서의 율법으로 하나님의 말씀, 신성한 것으로 여겼습니다.

가령 안식일에 관한 예에서 이 율법을 어떻게 확장하였는지 볼 수 있습니다.

안식일에 대한 구약 율법은 매우 단순 명료합니다. "안식일을 기억하여 그 날을 거룩하게 지킬지니라."

안식일에 우리 스스로는 물론이고 집에 있는 남종과 여종, 나그네 심지어 짐승들까지 일을 시키지 말고 쉬게 하라고 하시는 명령이었습니다. 여호와 하나님께서 창조를 마치시고 쉬신 것처럼 아무 일도 하지 말고 다만 쉬라는 은혜의 칙령입니다. 우리는 단순히 그 은혜를 즐기면 되는데 유대인 율법학자들에게는 이것이 그리 간단한 문제가 아니었습니다.

우선 그들은 물었습니다. "안식일은 언제 시작되는 것이냐?" 당시는 오늘날 우리와 같은 시계가 없었다는 것을 생각한다면 그들의 고충을 이해할 수도 있습니다. 결국, 그들은 "안식일은 저녁에 별이 세 개 나타날 때부터 시작된다"고 정합니다.

그들의 하루는 오늘날과 달리 해가 지는 저녁부터 시작됩니다.

율법에는 "너희는 안식일에 일하지 말지니라"고 하였는데 율법학자들은 또 물었습니다. "일이란 무엇이냐?"

이에 그들은 서른아홉 가지 일의 원형들을 열거하여 두었습니다. 곡식을 거둬들이는 일, 곡식을 타작하거나 키질 하는 일, 김을 매거나 괭이로 땅을 파는 일, 곡식을 비비는 일, 짐을 운반하는 일, 불을 지피는 일, 실을 자아내는 일 등을 안식일에 해서는 안 될 일로 예시하였고, 이것은 다시 안식일에 옮길 수 있는 짐의 크기, 걸을 수 있는 거리 등 무수한 세부사항들을 굉장한 열정을 가지고 규정하였는데 이 모든 것을 지킨다는 것은 불가능에 가까웠고 어떤 사항은 어이없는 것으로 우스꽝스럽기까지 합니다.

그러나 우리는 여기서 두 가지를 기억하여야 합니다. 먼저 유대인들은 이 조항들을 지키는 것으로 하나님을 잘 섬긴다고 생각하였고, 이렇게 하는 것을 하나님께서 원하시는 것으로 여겼습니다. 나아가 유대인들은 이러한 규정들로 스스로를 절제하고 자신을 훈련하는 기회로 삼았습니다.

이것은 우리 "자유로운" 그리스도인들로서는 상상조차 하기 어려운 일입니다. 비록 백성들을 옥죄는 지나친 면이 있지만 당시로서는 이방인 문화와 관습에 혼합되지 않으려는 눈물겨운 싸움이기도 하였습니다.

자, 그러면 이 사람들이 율법을 어떻게 지켰는지 알아봅시다.

가령 안식일에는 바느질을 하거나 무엇을 풀거나 맺을 수 없었는데 이제는 그 바느질, "매는 것"이란 무엇인가 하는 것이 문제입니다. 그 대답은 매는 것이란 "두 손으로 맬 수 있는 것"이고 해서는 안 될 조항에 해당되었습니다. 그러니까 같은 바느질, 매는 것이라도 한 손으로 할 수 있으면 안식일을 범하지 않는 것이고 죄가 되지 않았습니다.

물론 옛날에는 요즘과 같은 옷의 지퍼나 집게가 없었습니다. 그러나 유대인 여자들이 안식일에 옷을 단정히 매지 않고 살 수는 없는 노릇이니까 여자들이 옷을 갈아입거나 벨트를 묶거나 모자를 머리에 매는 정도는 허용되었습니다.

자, 이런 경우를 상상할 수 있습니다. 어떤 사람이 미리 물긷는 것을 잊어버려 집에 물이 떨어졌습니다. 그러나 안식일에 물을 길어서는 안 되지요. 어떻게 할 수 있을까요? 줄을 매어서도 안 됩니다. 오늘이 안식일이니까요. 이 경우, 여인들의 옷을 길게 늘여서 우물에 넣어 물을 긷는 것은 죄가 되지 않았습니다!

다시, 어떤 사람이 안식일에 짐을 운반하게 되었습니다. 죄가 되지 않기 위해서는 규정이 필요했습니다.

자, 우선 짐이란 무엇인가? 그 짐을 규정하는 목록도 여러 장에 걸쳐 기록되어 있습니다. 예컨대 마른 무화과 열매의 무게, "이스라엘아 들으라!" 하는 글귀를 적을 만큼의 종이 크기, 한 모금 정도의 포도주, 작은 식구를 적실 만큼의 기름. 작은 식구를 적실 만큼이라니, 어느 정도? 세 살 난 아이의 발가락을 담글 정도! 그 규정 목록이 끝도 없이 계속됩니다.

그들은 또 이러한 논쟁을 계속하였습니다. "안식일에 사람이 목발을 짚고 나갈 수 있느냐, 이것을 짐으로 보아야 하지 않느냐, 여자들이 안식일에 가발을 쓰고 나가면 규례에 저촉되는 것은 아니냐, 어린 아이를 업고가면 짐인가 아닌가? 괜찮다, 어린아이를 업는 것은 상관없다, 그러나 그 아이 손에 돌이 들려 있으면 안 된다, 그것은 짐을 운반하는 것이 된다, 그러면 어느 정도의 돌이냐, 던져 새를 맞출 정도의 돌이다" 하고 끝도 없이 계속되었습니다.

자, 어느 사람이 안식일에 가구를 옮기게 되었습니다. 이 경우, 막대기 "두 개"를 연결할 만큼의 의자는 허용되었습니다. 그러나 세 개로 된 것은 사다리가 되니까 허용되지 않았습니다. 그 의자를 "들고" 가야 합니다. 의자를 끌고 가면 그것은 쟁기질을 하는 것이니까 안 되는 것이었습니다.

여러분은 아마 실소를 금할 수 없겠지요?

당연히 그렇겠지요. 그러나 그 사람들에게는 하나님 앞에서 죄냐 아니냐, 죽음이냐 생명이냐 하는 정말로 심각한 문제였다는 것을 기억해야 합니다.

예수님께서는 이러한 생명과는 상관없는 율법과 대면하여 싸우신 것이고 마침내 "율법"의 희생물이 되신 것입니다.

**"너희 율법에 기록된 바"**

가령, 안식일에 병을 치료하는 문제에 대해 생각해 봅시다.

물론 안식일에 병을 고치는 것도 당연히 금지되었습니다. 그것 역시 노동이었으니까요.

그런데 어떤 사람이 길을 걷다가 헛디뎌서 낭떠러지로 떨어지게 되었습니다. 이 때도 그 사람을 건질 수는 없고 다만 상태가 더 악화되지 않을 만큼 최소한의 조치만 할 수 있었습니다. 오히려 그 피해자 역시 안식일을 범하느니 차라리 안식일을 지키고 죽는 것을 더 영예롭게 생각하였을 정도입니다.

아픈 상처에 붕대를 맬 수는 있었습니다. 그러나 붕대만이어야 합니다. 어떤 약을 발라서는 안 됩니다. 상처 환부에 약으로 치료하는 "노동"은 금지된 것입니다. 치통이 있는 사람이 식초를 마실 수는 있었습니다. 그러나 이 때도 조심, 식초가 이(齒)에 닿아서는 안 됩니다. 그렇게 되면 치통을 치료하는 것이고 그것 역시 "노동"이 되기 때문입니다.

저와 같이 글을 쓰는 사람은 어땠을까요? 안식일에 알파벳의 두 글자만 쓸 수 있었을 뿐 그 이상은 죄가 되었습니다. 단지 두 글자만 허용되었습니다. 두 글자라도 한꺼번에 읽을 수 있는 것만 문제가 될 뿐 한 글자는 지붕 위에 다른 글자는 길바닥에 쓰는 것은 죄가 되지 않았고 또 그 글자를 펜으로 종이에 흔히 쓰는 것과 같이 보존할 수 있도록 쓰는 것만 죄가 되었습니다. 가령, 과일즙으로 쓴다든지, 모래 위나 땅 바닥에 팔꿈치로 쓰는 것은 문제가 되지 않았습니다.

오늘 우리에게는 아무 의미도 없는 이러한 것들이 유대인들에게는 종교적 계율이 되어 그들의 전 생애를 지배하였던 것입니다. 이러한 것들이 정당한 것이며 생명과 관련이 있다면 예수님의 생각은 거부되어야 할 것입니다. 그러나 예수님께서 옳다고 하면 이 모든 조항들은 무의미한 것이 되고 맙니다.

이것은 두 종교 간의 충돌입니다. 곧, "너희는 이것은 행하고 저것은 행하지 말지니라"고 말하는 율법의 종교와 "주 너의 하나님을 사랑하고 또한 네 이웃을 네 자신같이 사랑하라"는 사랑의 종교 사이의 결코 화해할 수 없는 투쟁인 것입니다.

예수님 당시 제사장은 약 6천 명 정도였습니다. 그러나 6천 명의 제사장들이 한꺼번에 성전에서 봉사할 수는 없었습니다. 이 모든 제사장들이 모두 봉사하게 되는 때는 장막절, 오순절 그리고 유월절 세 차례뿐이고, 이들은 스물네 반차(班次)를 따라 1년에 두 차례, 다섯 주간만 성전에서 봉사하면 되었습니다. 그것으로 다였습니다.

백성들이 드리는 제물은 모두 제단에서 태워지는 게 아니었습니다. 그 제물의 대부분은 제사장의 몫이었고 제사드리는 사람이 약간 가져갈 수 있었습니다. 그러니까 제사장들은 1년에 두 차례 다섯 주간만 일하고 나머지는 땅의 기름진 소산을 즐기는 "탐욕스러운 종교적인 귀족"들이었던 것입니다.

이러한 종교적 특권층에게 "내가 긍휼을 원하고 제사를 원하지 아니하노라"고 하셨으니 당연히 제사장들은 자신들의 직업과 안전보장을 위하여 무슨 일이든 해야 했을 것입니다.

이 말이 결코 유대인에 대한 적대적인 말이 아닙니다. 반(反) 셈족주의(Anti Semitism)가 아닙니다.

아마도 예수님께서 우리 시대에 다시 오신다면 우리 역시 그와 똑같이 하였을 것이라는 점입니다. 당시 제사장들의 행태는 우리의 또 다른 일면일 뿐입니다.

한번은, 고급 실크로 온 몸을 휘감은 귀부인이 칼라일[1] 경과 대화

---

1) Thomas Carlyle, 1795-1881. 영국의 비평가요 사상가, 역사가

하는 가운데 말했습니다. "선생님, 예수님을 십자가에 못박은 유대인들은 정말로 소름끼치는 사람들 아닌가요? 어쩌면 저렇게 사악할 수 있어요? 예수님이 다시 오시면 우리는 기꺼이 맞아들일 텐데 말입니다."

이때 칼라일 경은 탄식하며 대답했습니다. "예 부인. 주님께서 다시 오셔서 상류사회 사람들의 구미에 맞는 말씀만 하신다면야 오늘이라도 부인이 보낸 파티 초청 카드에 주님을 만나기 위해 나는 기꺼이 응할 수 있겠지요. 그런데 주께서 다시 오셔서 거친 말로 책망하신다면 당신들은 아마 소리쳤을 것입니다. "저 자를 당장 뉴게이트[2]로 보내 매달아 버려욧!"

아마도 오늘의 우리 역시 그렇게 반응할 것입니다. 우리가 당시 유대 종교 지도자들을 비난할 수만은 없습니다. 그들은 단지 사악한 인간성을 대표하고 있을 뿐입니다.

### "내 아버지여 만일 할 만하시거든"

이제 마지막, 그리고 가장 처절하고도 힘든 하나의 대결이 남아 있습니다. 그것은 겟세마네에서 일어난 최후의 기도에서였습니다. 여기서 예수님은 분명 눈앞에 닥친 십자가를 회피하고 돌이킬 수 있었습니다. 만일 그가 돌아설 수 없는 것이라면, 겟세마네에서의 기도 장면은 연기에 불과했다고 말할 수 있겠습니다.

예수님의 마음은 거의 돌아섰습니다. 그는 죽고 싶지 않았습니다.

---

[2] Newgate, 1902년 폐지된 런던의 감옥, 사형장

누구라도 서른셋의 나이에 죽고 싶지는 않았을 것입니다. 더욱이 인간이 겪을 수 있는 모든 고통을 당하도록 고안된 십자가에서의 죽음을 앞두고 그는 가장 연약한 모습으로 이 잔을 자신에게서 지나가게 해달라고 하나님께 기도하였던 것입니다.

나는 그날 저녁 예수님에게 일어났던 일을 추측할 수 있습니다. 그리고 이것은 사실일 것입니다. 많은 사람이 동의하지 않겠지만 나로서는 이것이 확실한 것이라고 믿습니다.

내 생각에 예수님은 당신이 해야 할 일, 당할 고통의 정도를 이미 알고 계셨을 것입니다. 그리고 그 길이 하나님의 뜻이란 것도 아셨을 것입니다. 그런데 "고통을 당할 수밖에 없는 것도, 희생해야 하는 것도 알겠는데, 그런데 왜죠?"

예수님은 모든 고통의 내용과 의미 모든 것을 받아들이면서 외칩니다. "내 아버지여, 만일 할 만하시거든 이 잔을 내게서 지나가게 하옵소서. 그러나 나의 원대로 마시옵고 아버지의 원대로 하옵소서!"

이것이 예수님의 위대한 점입니다. 예수님은 겟세마네에서 자신의 뜻을 택하는 대신 아버지의 뜻을 택하셨습니다. 하나님께서 명하신 그 길을 감사하게도 주님은 걸어가신 것입니다.

우리 모두도 주님을 따라 그렇게 해야 합니다. 우리보다 앞서 주님이 가셨던 길이란 것을 생각한다면 아마 훨씬 수월할 것입니다.

이렇게 주님은 사역 초기와 사역 기간 내내 그리고 마지막까지 세 가지 큰 싸움을 치르셨습니다.

세상을 구원하는 올바른 방법에 대하여, 유대 정통주의자들과 그리고 마지막에는 자기 자신과의 싸움에서 승리하셨습니다. 예수님은 이 모든 싸움에서 이기시고 마침내 자신의 길을 걸어가실 수 있었습니다.

 승인 · 承認 · RECOGNITION

우리가 한 위대한 인물의 생애를 따라 하루하루, 할 수 있으면 시간마다 그리고 일마다 때마다 따라가 볼 수 있다면 그것만으로도 최대의 즐거움이 될 것입니다. 그러나 더욱 매혹적이고 흥미로운 것은 그 사람의 생애에서 발생한 일에 대한 그의 내면의 생각을 아는 일이며, 더 나아가 그 사람의 삶과 사역에 힘을 부여한 동인(動因)이 무엇인지를 아는 것입니다.

이것이 바로 우리가 예수님께서 하신 일에 대하여 알아보려는 관점입니다.

### "하나님의 나라는 이와 같으니"

이에 대해서는 두 가지 방향이 가능하겠습니다. 하나는 예수님께서 친히 하신 말씀을 추적해 보는 것이고 다른 하나는 예수님을 누구보다 잘 아는 사람들, 즉 가까이 있었던 사람들이 그에 대해 말한 것들을 따라 가보는 방법이겠습니다.

우리는 먼저 예수님 자신의 말씀에서 시작해 보는 것이 좋겠습니다. 예수님께서 공생애에 나타나시면서 처음 하신 말씀은 "회개하라, 천국이 가까이 왔느니라"는 말씀이었습니다. 이 말씀에 비추어 보면 예수님은 "하나님의 나라" 혹은 "하늘 나라"가 임하였다고 선포하시기 위해 오신 것입니다.

영어에서의 "하나님 나라"(Kingdom of God)는 약간의 오해의 소지가 있습니다. 현대적인 국가 개념에 익숙한 우리는 "나라"라는 말에 우선 영토, 지리적인 경계(境界)부터 떠올리기 때문입니다. "나라"라고 하면 누구나 영국, 스코틀랜드 왕국, 벨기에 왕국 등과 같이 국민과 영토, 거기다 주권을 갖춘 근대적인 의미의 국가를 떠올립니다. 이것은 나라의 지리적 공간을 말하는 것입니다.

그러나 예수님께서 말씀하신 "하나님의 나라"는 지리적인 개념이 아닙니다. 오히려 하나님의 왕 되심, 하나님의 왕권을 말씀하시는 것으로 "하나님의 나라가 가까이 왔다!"는 말보다, "이제 막 하나님께서 친히 통치권을 행사하시려 하신다!", "하나님께서 친히 다스리시기 시작하려 하신다"는 말이 오해를 불러일으키지 않고 더 적절할 것입니다.

"하나님께서 이제 친히 통치하시려 하신다"는 것이 바로 예수님께서 전하신 메시지의 본질입니다. 이것이 바로 "하나님의 나라"라는 의미요, 그 명확한 뜻을 찾는 출발점이 됩니다.

그러므로 이 말의 의미를 정확히 이해하기 위해서는 "온전하고도 전반적인 지배"라는 개념에서 시작할 것입니다. 가령, 어떤 사람이 한 왕국의 신민(臣民)이 되고 어떤 나라의 시민이 되려면 그 사람은 먼저 그 나라의 정치체계며 법과 질서에 복종할 것을 동의해야 할 것입니다.

좀더 자세히 그 말뜻을 분명히 알아봅시다.

근동 문학의 대체적인 경향입니다마는 히브리 문서, 유대의 저작들에서 한결같이 나타나는 특징은 그 표현을 정교하게 반복하는 것입니다. 유대인들은 항상 두 번 반복해 말함으로써 의미를 심화시키는 점층법을 사용합니다. 그들은 말하고자 하는 바를 반복하며 앞서 말한 것을 한정하고 확장합니다.

시편 46편을 보시겠습니다.

> 만군의 여호와께서 우리와 함께 하시니
> 야곱의 하나님은 우리의 피난처시로다(11절).

시편 23편을 봅시다.

> 그가 나를 푸른 풀밭에 누이시며
> 쉴 만한 물가로 인도하시는도다(2절).

뒤따르는 행의 내용은 앞 행과 평행하는 내용으로 부연설명이자 그 의미를 확장하는 효과를 지닙니다.
 이러한 것은 주의 기도에서도 나타납니다. 두 구절, 두 기도가 나란히 병행되고 있습니다.

> 하나님의 나라가 임하시오며
> 하나님의 뜻이 하늘에서 이루어진 것같이 이루어지이다

 두 번째 기도는 첫 번째 기도를 확장하고 있습니다.
 그러니까 이 기도는 이런 의미가 됩니다. "하나님의 뜻이 완전하게 이루어진 하늘에서처럼 이루어지는 사회가 하나님의 나라이오니 이 땅에 임하게 하옵소서."
 이로써 하나님 나라에 대한 중요한 점이 설명된 줄 압니다.
 그러나 일면 명확해지는 한편 다른 면에서 이의를 제기할 수도 있겠습니다.
 분명, 신약성경에서의 "하나님의 나라"는 과거적인 것인 동시에 현재적인 것이요 또 미래적인 것으로서 여기에는 좀 신비스럽고 한마디로 설명하기에는 복잡한 일면이 있습니다.
 가령 예수님께서 아브라함과 이삭과 야곱과 모든 족장들과 같이 이미 오래 전부터 산 사람들이 하나님 나라의 일원이라고 말씀하시는데 이 설명에 의하면 하나님의 나라는 이미 수천 년 동안 존속되어 온 것으로 생각됩니다. 또 예수님께서 "하나님의 나라는 너희 안에 (within), 또는 너희 가운데(among) 있느니라"고 말씀하시는 것으로 보아 그 나라는 지금 여기에 있는 것이 됩니다. 동시에 계속해서 "그 나라가 이 땅에 임하시도록 기도하라"고 말씀하심으로 미래에 입성

할 하나님의 나라를 말씀하시기도 합니다.

자, 어떻게 하나님의 나라가 과거와 현재와 미래에 동시적으로 임할 수 있느냐 하는 것입니다. 그러나 이것 역시 우리가 "하나님의 나라"와 "하나님의 뜻"을 동일한 것으로 파악한다면 이해하기 어려운 일도 아닙니다. 하나님의 뜻을 행하는 "어떤 사람"은 "어느 때"라도 하나님의 나라에 거하는 것입니다. 하나님의 뜻에 자신을 복종시킨 사람, 현재 그의 뜻에 복종하고 있는 사람, 그리고 그 뜻에 따라 살게 될 사람은 모두 그 나라에 속한 사람일 것입니다. 그 나라의 시민권과 순종은 동의어로 언제 어느 때고 하나님의 뜻을 행하는 우리는 하나님의 나라 "그 때" "거기에" 속하게 되는 것입니다.

그러나 이러한 설명에도 불구하고 여전히 문제가 남게 됩니다.

하나님 나라의 개념이 모두 하나님의 뜻을 행하는 것으로만 국한되어 민족과 나라, 정치적인 면이 아닌 하나님의 나라가 철저하게 개인적인 차원으로 축소되고 최소화되는 것이 아니냐 하는 것입니다.

그리고 하나님의 뜻을 행하는 것이 하나님 나라의 백성이 되는 것과 동일한 의미라면 교회가 소멸된 공산권이나 이슬람권의 나라들은 하나님의 나라와 아무 연관이 없다는 의미가 되기도 합니다.

## "네가 하나님의 나라에서 멀지 않도다"

이제 이야기한 바와 같이 하나님의 뜻을 행하는 것과 하나님 나라의 백성이 되는 것이 하나요 동일한 의미라면 예수님의 말씀 가운데 특별히 해석이 필요한 부분이 있습니다.

가령, 어느 때 예수님께서 듣기에 따라 아주 무서운 말씀을 하신 적이 있습니다. "만일 네 오른 눈이 너로 실족하게 하거든 빼어 내 버리라 네 백체 중 하나가 없어지고 온 몸이 지옥에 던져지지 않는 것이 유익하며……또한 만일 네 오른손이 너로 실족하게 하거든 찍어 내 버리라 네 백체 중 하나가 없어지고 온 몸이 지옥에 던져지지 않는 것이 유익하니라"(마 5:29-30).

우리는 이 경고의 말씀을 좀더 단순히 직접적으로 이해하는 것이 좋습니다.

예수님께서 이 말씀을 하신 의도는 이러한 것입니다. "너희가 하나님의 뜻을 행하는 데에는 어떤 희생을 치러도 좋다, 어떤 희생을 치러서라도 하나님의 뜻은 행할 만한 가치가 있다, 네 신체 중 일부를 절단해 내더라도, 그 어떤 것을 희생하면서라도 하나님의 뜻은 행할 만한 것이다."

예수님께서 친히 말씀하신 유명한 비유가 있습니다.

자기의 전 생애를 걸어 값비싼 진주를 찾아 나서는 부자의 이야기입니다. 이 부자 상인은 진주를 구하기 위해 온 나라, 온 세상을 샅샅이 찾았을지 모릅니다. 그러다가 그는 생애 거의 막바지에 이르러 마침내 일생 동안 찾았던 진주, 세상에서 가장 귀중한 진주를 발견하게 됩니다.

자, 그가 어떻게 했겠습니까? 그 상인은 자기가 일생동안 모은 재산, 그의 모든 소유 아주 작은 것 하나도 남김없이 모두 팔아서 어마어마한 값의 진주를 샀습니다. 예수님께서는 말씀하십니다. "하나님의 나라가 이와 같은 것이니라." 하나님의 나라는, 다시 말해 하나님의 뜻을 행하는 것은 모든 것을 희생할 만한 가치가 있다는 것입니다.

자, 시선을 잠시 다른 곳으로 돌려봅시다.

하나님의 뜻을 행하는 것이 우리 삶에서 가장 가치 있고 또 다른 어느 것보다 크고 중요하다면 이렇게 말할 수 있겠지요. "하나님의 뜻을 행하기만 하면 아무런 걱정거리도 없고, 우리를 괴롭게 하는 일도 없어지고 어떤 어려움이나 장애도 없어지는가?" 하는 것입니다.

한마디로 하나님의 뜻, 곧 하나님의 나라가 물질적인 풍요와 행복을 가져다 주는 것이 아닙니다. 하나님의 나라는 우리가 하나님의 뜻을 행할 때 다른 어느 곳에서도 얻을 수 없는 만족을 경험하게 되는 것입니다. 우리가 어떤 어려움을 무릅쓰고 의로운 일을 하면 오래도록 깊은 참 만족을 얻게 됩니다.

한편 우리가 무엇이 옳은 것인지를 알고도 이를 행하지 못하면, 비록 많은 괴로움은 면한다 할지라도 우리 마음은 평안하지 못하다는 것을 알게 됩니다. 오히려 우리 마음이 공허하고 우리의 생명 깊은 밑바닥에서 솟아오르는 불만족과 수치감으로 영혼의 진액이 다 빠져 "여름 가뭄에 마름같이"(시 32:4) 되는 것을 알 수 있습니다.

명백한 것은 하나님의 뜻을 행하는 것, 의를 행하는 것은 참 만족과 평화를 가져다 준다는 것입니다.

자, 이렇게 "하나님 나라의 일원이 되는 것"과 "하나님의 뜻을 행하는 것"이 동일한 것이라면, 하나님의 뜻에 순종하는 것과 하나님 나라의 시민권이 같은 것이라면 우리는 이렇게 말할 수 있을 것입니다. "좋아요, 하나님의 뜻을 행하는 것이 가장 중요하다는 것을 알겠어요. 동의합니다. 이것이 중요하고 고귀한 삶의 방식이라는 것도 알겠어요. 그것이 우리 마음에 참 평화와 만족을 가져다 주는 것도 알겠습니다. 그런데 그 하나님의 뜻은 어떻게 알 수 있는 거지요? 어디서 그것을 알 수 있는 건가요?"

사람으로서, 인간인 우리가 하나님의 진정한 뜻에 이를 수는 없을 것입니다. 하나님에 대한 지식이 우리에게 임하여 그의 뜻이 우리 가운데 온전히 알려지기까지 우리는 결코 그곳에 이를 수 없습니다. 우리가 하나님에 대해 알게 된 것은 이미 우리에게 주어진 것들뿐입니다. "우리는 사색과 성찰로 그것을 알 수 없고 오직 계시로만 알 수 있는데 우리가 어떻게 하나님의 뜻을 알 수 있습니까? 또 어디서 그 뜻을 얻습니까?"

그 대답 역시 의외로 간단합니다. 하나님의 뜻을 온전히 행하셨던 유일한 분이 있습니다. 그 모범은 예수님이십니다.

예수님께서 이런 말씀을 하신 적이 있어요. "나의 양식은 나를 보내신 이의 뜻을 행하며 그의 일을 온전히 이루는 이것이니라"(요 4:34).

예수님은 하나님의 뜻을 구체화하신 인격체이십니다.

그러므로 예수님께서 곧 하나님의 나라입니다. 하나님의 나라가 어떤 것인가를 알고자 하면 예수님을 보면 됩니다. 하나님의 나라는 예수 그리스도 안에 임하셨습니다. 역사적으로 하나님의 뜻을 행한다고 했던 무수한 사람들이 있었지만 모두들 간헐적일 뿐이었습니다. 일시적이었습니다. 우리 역시 때때로 가끔 하나님의 뜻을 행하곤 합니다. 이 세상 역시 부분적으로 하나님의 뜻을 행합니다.

그런데, 예수님만이! 예수 그리스도 안에서 우리는 하나님의 뜻이 온전하게 이루어진 것을 봅니다. 동시에 예수님 안에서 하나님의 나라가 임한 것을 볼 수 있습니다.

이것이 바로 예수님과 인류 역사에 나타난 다른 "스승"들이 첨예하게 다른 점입니다. 아무리 뛰어난 선생이라도 완전한 도덕적 모범을 보여 줄 수는 없습니다. 더욱이 하나님과의 관계에서는 어림없습니다.

언젠가 에머슨[3]은 세네카에 대해 이렇게 말했습니다. "세네카는 올바르게 말하기만 할 뿐 최선의 것은 말해 주지 않는다."

아마 많은 설교자들이 이 말에 양심이 찔리는 것을 느낄 것입니다.

R. L. 스티븐슨 역시 "나는 당신이 어떤 사람인지 알지 않고는 당신이 말하는 것을 들을 수 없소"라고 말합니다. 많은 설교자들이 이 말에 뜨끔해야 합니다.

그러나 예수님께서는 이에 대해서 아무것도 거리낄 것이 없습니다. 어느 누구도 예수님처럼 말하고 행한 사람이 없습니다. 예수님께서는 "내가 너희에게 말하노니……" 하실 뿐 아니라 "내가 너희에 마땅히 행하여야 할 바를 보여주노니……" 하실 수 있는 유일한 분입니다.

예수님은 우리에게 다만 하나님의 나라를 소개하기 위해 오신 것이 아니라 하나님의 나라가 무엇과 같은가를 보여주기 위해 오신 분입니다.

## "말씀이 육신이 되어 우리 가운데 거하시매"

이제 한 가지 더, 누구보다 지상의 예수님에 대해 인격적으로 잘 알았던 사람의 말을 생각해 볼 차례입니다.

그는 예수님에 대해서 "말씀이 육신이 되어"(요 1:14)라고 말합니다. 신약성경의 모든 말씀 가운데 이 말보다 더 중요한 것은 없다는 게 나의 생각입니다.

---

3) Ralph Waldo Emerson, 1803-1882. 미국 목사, 시인, 철학자. 후기에는 힌두교에 심취하였다.

사실, 이 구절은 번역하기 가장 어려운 본문입니다. "말씀"이라는 뜻의 헬라어는 로고스(*Logos*)인데 영어에서 이 말이 내포하고 있는 뜻을 정확하게, 모두 담고 있는 단어가 없습니다. 그래서 모팻(Hugh B. Moffat)이 신약성경을 영어로 번역할 때, 굳이 번역하려고 하지 않고 "태초에 로고스가 계시니라……로고스가 육신이 되어 우리 가운데 거하시니"라고 했던 것입니다.

우리는 로고스의 의미를 검토해 보면서 예수 그리스도에 대해, 하나님의 뜻에 대해 그리고 우리 모든 그리스도인의 삶에 대해 말씀하시는 바가 무엇인지 생각해 봅시다.

가장 먼저, 로고스의 일차적인 의미는 "말씀"입니다. 말씀은 로고스의 가장 보편적인 번역입니다. 그러니까 이 본문은 하나님의 말씀이신 예수님께서 육신이 되어 세상에 오셨다는 뜻입니다.

그러면 말은 무엇을 의미하는 것입니까? 두 가지 정의가 가능합니다. 무엇보다 말은 소통의 수단입니다. 우리가 어떤 사람과 의사를 소통하고 싶을 때 가장 쉽고 빠른 방법은 그 사람과 말을 하는 것입니다. 말은 말하는 사람의 매체(媒體)요 소통의 수단으로 가장 보편적인 도구입니다. 그러니까 예수님을 하나님의 로고스, 말씀이라고 한다면 예수님은 하나님의 소통수단이 되는 것이요, 하나님은 예수님을 "통하여" 예수님 "안에서" 말씀하시는 것입니다. 예수님은 사람들과의 연결점이요, 하나님께서 우리 인간과 소통하는 수단이 되시는 것입니다.

그리고 말은 소통의 수단이면서 동시에 생각의 표현이 됩니다. 우리가 무엇을 말하기에 앞서, 먼저 상상 속에 그림을 그리듯 무엇인가를 생각합니다. 우리는 먼저 생각합니다. 그 다음에 말합니다. 그러니까 말은 우리의 생각의 표현입니다.

따라서 예수님을 하나님의 로고스, 말씀이라고 한다면 예수님은 곧 하나님의 생각의 표현이라는 뜻이 됩니다. 하나님이 무엇을 생각하시는지를 알려고 하면 예수 그리스도를 유심히 살피면 알 수 있습니다. 하나님의 마음이 어떻게 역사하시는지를 알고 싶다면 예수님이 하신 일들을 살펴보면 됩니다. 마찬가지로! 하나님의 역동적이고 강력한 인격성에 대해 통찰하고 싶다면 예수님의 삶과 그의 말씀을 유심히 살펴보면 될 것입니다. 그런고로 예수님께서 하나님의 로고스, 말씀이라는 것은 예수님이야말로 하나님의 소통 수단이요 하나님의 생각의 표현이라는 뜻이 됩니다.

로고스의 또 다른 의미는 "이성"(理性)입니다. 로고스의 이차적 의미는 이성입니다.

고대의 헬라인들은 우주의 변치 않는 질서에 매료되어 있었습니다. 우주를 코스모스(kosmos)라고 표현한 그들은 우주의 "질서 가운데 있는 조화"에 놀라지 않을 수 없었습니다. 그들은 세계를 바라보며 밤하늘의 무수한 별을 보며, 무엇이 해를 저토록 변함 없이 뜨고 또 지게 하는가, 무엇이 조수(潮水)를 밀려오게 하고 또 밀려가게 하는가, 어떻게 춘하추동이 변함 없이 주기를 갖고 찾아오는가, 거기에 물, 공기, 바람은 어떻게 질서를 유지하며 작용하는가, 어떻게 동일한 원인에는 같은 결과가 오는 것인가, 같은 자극에는 항상 같은 반응이 일어나는가 등을 생각했습니다. 그들의 생각은 끝이 없었습니다. 가령 우리는 당연한 것으로 여기고 있지만 콩을 심으면 어떻게 보리나 벼가 나지 않고 콩이 나는가, 단 한 번도 다른 싹이 나온 적이 없는 것은 왜인가, 이 우주의 질서는 누가 관장하는가……

헬라 사람들은 이렇게 결론을 내렸습니다. "그것은 하나님의 이성 때문이다. 우주의 모든 개체 속에 심겨진 하나님의 씨앗 때문이다. 하나님의 이성이 조화로운 질서로 이 거대한 우주를 유지시킨다."

제4복음서는 에베소에서 기록되었습니다. 요한이 태어나기 전 600년 쯤, 철학자 헤라클리투스(Heraclitus)가 에베소에서 활동하고 있었습니다. 그의 생각은 온통 로고스로 가득했습니다. 그는 모든 것을 로고스로 설명했습니다. 로고스는 그의 삶이었고 그의 일과 생각의 전부였습니다. 그는 항상 로고스만 생각하였습니다. 그의 유명한 말이 있습니다. "만물은 흘러 변전(變轉)한다"(Pan ta rhei). 잠시라도 멈추어 있는 것은 아무것도 없습니다.

그는 이런 말도 했습니다. "사람은 같은 강물에 두 번 다시 들어갈 수 없다." 강물에 들어갔다 나와서 다시 들어가더라도 이전 강물은 이미 흘러 다른 물이 되고 말았다는 설명입니다.

그런데 이렇듯 모든 것이 변하고 흐르는 상태에 있으면서 우주는 어찌하여 혼돈 없이 질서와 조화가 유지되는가. 그것은 로고스 때문이요, 로고스는 만물이 변전하는 가운데 유일하게 변하지 않는 것으로 하나님의 말씀이요, 이성이라는 것입니다. 로고스는 우주를 존속케 하는 질서의 원리입니다. 이 원리로 모든 것이 유동적인 세상에서 내일 아침해가 어디서 뜨게 될지 알 수 있고, 조수(潮水)의 변화도 예측할 수 있는 것입니다. 그는 계속해서 말합니다. "생명도 마찬가지다, 생명 역시 계속 흐르는 변전의 상태에 있다, 변화 가운데 있으면서 동시에 로고스, 곧 우주의 질서, 하나님의 말씀, 하나님의 이성에 의존하고 있는 것이다."

이것이 헬라 사람들이 생각했던 로고스입니다.

요한은 그의 복음서를 쓰면서 "600여 년 전 너희들이 하나님의 이성에 대하여 말하지 않았느냐, 너희가 참으로 하나님의 이성을 보기를 원하거든 예수 그리스도를 보아라, 그가 바로 하나님의 이성, 로고스이다!"라고 말했던 것입니다.

자, 우리가 어떻게 하나님의 뜻을 알 수 있습니까?

우리는 다만 예수 그리스도를 보는 것으로 하나님의 뜻을 알 수 있습니다. 우리가 예수님을 볼 때 무엇을 보게 됩니까? 어떤 이는 배고픈 군중을 먹이신 기사를 볼 것이고, 또 어떤 이는 병자를 고치시는 예수님, 또 어떤 사람은 슬픈 사람을 위로하시는 예수님, 또 어떤 이는 버려진 사람, 죄인의 친구 되시는 예수님을 볼 것입니다. 이것을 하나님의 마음으로 보았으면 이제 하나님의 뜻은 우리 역시 그와 똑같이 행해야 한다는 것입니다. 우리 그리스도인들은 예수님과 같아져야 하는 것입니다.

우리는 주일 아침이 되면 교회에 나가서 예배 시간에 헌금을 드리고 또 기도회와 성경공부 모임에 참석하는 것으로 그리스도인의 의무를 다 한 것으로 생각하기 쉽습니다. 그러나 그렇지 않습니다.

기독교의 진리는 그러한 것을 의미하지 않습니다. 그런 것이 반드시 필요한 것도 아닙니다. "하나님을 사랑하고 형제를 사랑하라"는 계명이야말로 가장 중요한 교리입니다. 하나님과 형제, 둘 중에 하나만 사랑하는 것도 모자랍니다.

사도 요한이 말한 대로 "하나님을 사랑하노라 하고 형제를 미워하면 거짓말하는 것"입니다. 왜냐하면 "사랑하는 자마다 하나님께 속하였고 하나님은 사랑이시기" 때문입니다. 우리가 하나님을 사랑하는 것을 증명하는 길은 오직 형제를 사랑하는 일입니다. 요한 사도가 말하는 바도 이것입니다. "하나님을 사랑하고 형제를 사랑하는 것이 하나님의 뜻"입니다. 이것이 전부입니다.

우리 주변에는 흔히 이런 종류의 그리스도인이라는 사람들이 많습니다. 술은 입에 대지도 않고, 도적질한 적도 없고, 음란한 일도 하지 않고, 모든 외상값은 정직하게 갚고, 도덕적으로 비난받을 일이 전혀 없습니다. 그리스도인으로 자처하면서 나쁜 일은 물론 하지 않습니다. 그러나 형제를 사랑하거나 주의 계명에 기쁜 마음으로 순종하는 일은 없습니다. 이웃이 어려움을 당해도 돕지 않고 동정하는 일도 없습니다. 이것은 바로 사도 요한의 책망인데 말입니다. 하나님이 그렇지 않으셨고 예수님도 그렇지 않으셨던 것입니다.

### "주는 그리스도시니이다"

이러한 관점에서, 예수님께서 세상에 계실 때 제대로 그 분을 알았던 사람이 있습니까?

예수님께서 하나님의 나라를 이루려고 하셨으면 가장 먼저 있어야 할 것은 "사람"이었을 터이기 때문입니다. 인간은 하나님 나라의 본질이며 내용입니다. 인간 없는 하나님의 나라는 상상하기 어렵습니다.

예수님 역시 그의 사역 막바지 즈음에 이것을 알고 싶으셨습니다. 언젠가 예수님은 제자들을 이끌고 잠시 갈릴리를 떠나 북쪽으로 20-30마일 정도 떨어진 가이샤라 빌립보에 가서 며칠을 묵으시면서 제자들과 이야기를 나누셨습니다.

자, 이 장면을 상상해 봅시다. 요단 강의 발원지이기도 한 가이샤라 빌립보의 본래 이름은 바알니아스(Baalnias)로 구약 시대에는 바

알(Baal) 신을 섬기던 중심지였습니다. 그 후 헬라의 여러(Pan) 신들을 모셔 둔 곳이란 뜻의 바네아스(Paneas)로 이름이 바뀌었다가 마지막으로 얼마 전, "가이사의 도시"란 뜻의 가이샤라로 이름이 바뀌었는데 여기에 갈릴리의 분봉왕 빌립이 백색의 웅장한 신전을 짓고 로마 황제 가이사에게 바치면서 빌립의 이름을 얹어 놓았던 것입니다.

가나안의 여러 우상들이 내려다보는 곳에서, 헬라의 여러 신들이 로마 황제의 우상이 비웃듯이 내려다보는 그 곳에서 갈릴리의 가난한 목수, 아무 권력도 없이 유랑 선생으로서 얼마 안 있으면 예루살렘에 올라가 십자가에 달릴 운명의 그가 여남은 명의 제자들에게 묻고 있는 것입니다. "사람들이 나를 누구라 하느냐?"

제자들은 대답합니다. "예, 더러는 엘리야, 더러는 세례 요한, 더러는 예레미야나 선지자 중의 하나라 하더이다."

여기까지는 좋았습니다. 일종의 의례적인 말이고 소문을 그대로 말한 것이니까요.

예수님께서는 잠시, 아마 역사마저 숨죽이고 멈추었을 듯한 침묵 후에 제자들의 눈을 바라보시면서 분명한 어조로 물으셨습니다. "너희들은 나를 누구라 하느냐?"

다시 잠시 침묵이 있었습니다. 그러나 길지는 않았습니다. 언제나 가슴보다 입이 앞서는 베드로가 대답합니다. "주는 그리스도시요 살아 계신 하나님의 아들이시니이다."

예수님께서도 이 대답에 크게 만족하셨습니다. 예수님은 베드로를 크게 칭찬하십니다. "네가 복이 있도다 이를 네게 알게 한 이는 혈육이 아니요 하늘에 계신 내 아버지시니라…… 너는 베드로라 내가 이 반석 위에 내 교회를 세우리니." 헬라어의 베드로는 곧 "반석"이란 뜻입니다. 이 말은 베드로가 교회의 기초석이 된다는 뜻입니다. 베드로는 예수님께서 그리스도이신 것을 처음 알게 된 사람이니까 주님은 그 위에 교회를 세우시겠다는 것입니다. 베드로의 발견은 우리 기독교의 신앙고백이 되어 2천 년을 내려왔습니다. 따라서 동일한 것을 발견한 사람이라면 누구나 베드로와 같이 교회의 기초석이 됩니다.

그런데 이 고백을 들으신 주님은 곧 아무에게도 이르지 말라고 엄히 명하십니다. 왜 그러셨을까요? 그것은 당시 유대인들이 가지고 있었던 일반적인 "메시아 기대"와 관계 있습니다. 유대 민족은 오랫동안 힘있고 위엄찬 메시아를 기다려왔는데 베드로가 예수님을 메시아로 시인하였고 이것을 예수님께서 받아들이셨다는 사실이 퍼지면 전국에 산재한 열심당원들의 봉기로 당장이라도 폭동이 일어날지 모르기 때문입니다. 로마의 압제와 헤롯 왕가의 악행에 진절머리 쳐 온 유대사회는 가랑잎과 같이 누가 부싯돌로 불 붙여주기만을 기다리고 있었습니다. 예수님께서 오시기 전 70년 사이에 무려 17번의 무장봉기가 일어났고 그 결과 적어도 5만 7천 명 이상이 죽임을 당했습니다.

예수님께서는 이러한 사실을 잘 알고 계셨습니다. 그래서 5천 명을 먹이신 후 그를 잡아 왕으로 삼으려던 사람들을 피해 급히 몸을 숨기셨던 것입니다. 먼저 제자들을 이해시켜야 했습니다. 그래서 아무에게도 이르지 말라고 엄히 명하신 것입니다.

주님께서는 베드로의 신앙고백을 확인하는 것으로 족하셨습니다.

비행기를 운행하는 사람들에게는 돌이킬 수 없는 "불회귀점"(不回歸点)이라는 게 있습니다. 비행기를 이륙시킬 때 마지막 지점에 이르면 땅을 박차고 비상(飛翔)해야 합니다. 그렇지 않고 머뭇거리면 사고로 이어집니다. 계속 앞으로 나아가야 합니다. 예수님께서는 바로 그 지점에 이르셨던 것입니다. 다시 돌아갈 수 없습니다. 십자가가 기다리는 예루살렘을 향해 가야 합니다. 물러설 수 없이, 오직 앞으로만 가야 하는 지점이 바로 가이샤라 빌립보였습니다.

그리고 주님은 베드로, 요한, 야고보 세 제자만을 데리고 더 북쪽에 위치한 헤르몬 산으로 가셨습니다.

거기서 세 제자는 황홀경 가운데 변형된 예수님께서 율법의 수여자 모세와 위대한 불의 선지자 엘리야 곧 이스라엘 역사상 가장 위대했던 두 사람과 장차 예루살렘에서 일어날 일을 말씀하시는 것을 보게 됩니다. 아마 두 사람은 이렇게 말했을 것입니다. "맞아요 주님! 계속해서 그 길을 가십시오. 주께서는 옳은 길로 가시는 것입니다. 저희들도 돕겠습니다."

거기서 제자들은 더욱 놀라운 일을 보게 됩니다. 홀연히 빛나는 구름이 그들을 덮으며 구름 속에서 소리가 납니다. "이는 내 사랑하는 아들이요 내 기뻐하는 자니 너희는 그의 말을 들으라!"

이 엄청난 모습에 뒤이어 다시 예수님께서 친히 자신의 수난을 예고하십니다. 주저 없이 한꺼번에, 그리고 완벽하게 불회귀점을 통과하신 것입니다. 베드로의 신앙고백이 갖는 의미는 이토록 중요합니다. 그리고 뒤이어 다시 하나님의 승인으로 이제 예루살렘, 수난의 십자가가 기다리는 그곳을 향한 마지막 여행이 시작되는 것입니다.

# 수난 · 受難 · TRAGEDY

**세상에는** 두 가지의 용기가 있습니다.

먼저 순간적인 용기가 있습니다. 대부분의 사람들은 깊은 생각 없이 충동적으로 반응합니다. 그래서 위험하고 위협적인 찰나에 전에는 없던 순간적인 용기를 발휘하여 영웅이 되는 경우가 더러 있습니다.

또 하나는 진정한 용기로, 심각한 위험과 장기간의 위협을 잘 알고 또 쉽게 피할 길을 알면서도 흔들리거나 위축되지 않고 물러서지 않는 용기입니다.

호머의 《일리아드》의 한 장면입니다. 용감한 아킬레스가 무기를 갖추고 트로이 전쟁의 최후 결전에 나가려 하자 그의 신체적인 약점

을 잘 아는 어머니 테티스가 이번 전쟁에 나가면 죽을 거라고 눈물을 흘리며 말립니다. 이에 아킬레스는 담담하게 말합니다. "어머니, 나도 잘 압니다. 그렇지만 나는 가야 합니다."

오래 전 W. 틴데일4)이 영어로 성경을 번역하였습니다. 그러나 당시 영국 국교회는 일반인들이 성경을 갖는 것을 금하고 있었습니다. 심한 불쾌감을 느끼는 영국 교회는 틴데일이 애서 번역한 성경을 모두 불태워버렸습니다. 그를 아끼는 친구들은 그의 신변의 위협을 느끼고는 잠시 몸을 피하라고 권하였습니다.

그러나 그는 대답합니다. "그래. 나는 저들이 저 성경뿐 아니라 마지막엔 나까지 태워버릴 것을 알고 있어. 저 사람들은 그것이 하나님을 위하는 것으로 알고 있으니까……. 그러나 나는 내가 하는 일을 멈출 수가 없어."

결국 그는 8년 뒤에 화형에 처해지지만 그 때까지 한순간도 위축되지 않고 그가 가는 길을 멈추지 않았습니다. 그 결과, 지금은 누구나 자유롭게 성경을 가질 수 있습니다.

사실, 닥치는 위협과 격렬한 고난을 바라보면서 두려움 없이 확고하게 자신의 길을 회피하지 않고 가는 것보다 더 고결한 용기는 없습니다.

이것이 바로 예수님께서 보여주신 용기입니다. 그 앞에서 기다리는 십자가를 보는 데 특별한 신적 예지(叡智)가 요구되는 것도 아니었고, 예루살렘에 이르러서 어떤 일이 일어날 지를 아는 것에는 특별한 예언의 능력이 필요하지도 않았습니다. 아직까지 행하신 예수님

---

4) W. Tyndale, 1484-1539. 영국의 종교개혁자, 영어로 성경을 번역하다가 이단자로 몰려 죽임을 당했다.

의 일과 말씀으로 보아 예루살렘에 올라가시면 당시의 완악한 사람들에 의해 죽임을 당하는 것은 불 보듯 분명한 일이었습니다.

### "십자가에 못 박으소서!"

예수님께서 마지막 십자가에 달리시기 직전 12시간 동안 받았던 공포와 부끄러움, 굴욕의 혐오스러운 이야기를 그대로 옮겨 적기는 불가능합니다.

그가 겟세마네 동산에서 대제사장이 보낸 무지막지한 사람들에게 붙잡힌 것은 아마 목요일밤 9시 정도였을 것입니다. 그로부터 이튿날 아침 9시경 십자가에 달리시기까지 여섯 번 정도의 크고 작은 재판을 받게 됩니다.

물론 이 과정을 어느 복음서 하나만으로 재구성할 수는 없고 네 복음서의 설명을 종합한 것입니다.

먼저, 예수님은 체포당하시자 곧 안나스의 집으로 끌려가십니다. 사실, 이 때의 안나스는 공식적인 직위를 가졌던 것은 아니었습니다. 다만, 전직 대제사장일 뿐이었는데 그는 여전히 권력의 막 뒤에서 엄청난 영향력을 과시하고 있었습니다. 우선 그의 네 아들이 모두 대제사장을 역임하였고, 현재는 그의 사위 가야바가 대제사장을 맡고 있었습니다.

예수님께서 체포된 후, 가장 먼저 안나스의 집으로 압송된 이유는 단순하였습니다. 예수님께서 얼마 전, 안나스의 이권(利權)에 상당한 모욕과 타격을 주었고 안나스는 이 젊은이를 한번 만나보고자 하였던 것입니다.

사건은 이러했습니다. 예수님께서는 얼마 전, 우리가 흔히 "성전 청결"이라 부르는 일을 행하셨습니다. 곧, 예수님께서 성전 마당에 들어가셔서는 상인들과 함께 그들이 팔던 비둘기와 양을 내쫓으셨던 것입니다. 물론 이 비둘기와 양은 백성들이 속죄제, 감사제, 화목제에 드릴 제물(祭物)로 사용될 것이었습니다.

구약의 율법에서 명하신 대로 하나님께 드릴 제물은 흠도 없고 결격도 없어야 했습니다. 그것은 당연한 일이었습니다. 성전에서는 이를 위하여 제물 검사관을 배치해 두고 있었습니다. 물론 순례객들은 제사에 쓰일 제물을 먼 고향에서 가져오거나 예루살렘의 저잣거리에서 쉽게 살 수 있었습니다. 그러나 어찌된 일인지 이렇게 마련한 제물들은 하나같이 검사에 불합격되는 것이었습니다.

제물을 바치려고 제출하면 검사관은 까다로운 규정을 들어 퇴짜를 놓고는 은근히 말하였습니다. "성전 구내 매점에서 사세요. 이미 검사를 필한 제물용 비둘기 양이 얼마든지 있답니다. 거기서 산 제물이면 불합격될 염려가 없지요."

그래서 사람들은 울며 겨자 먹기로, 또 편의를 위해 성전 마당의 매점에서 제물을 마련하게 됩니다. 문제는 그 가격이 터무니없이 비쌌다는 것이고, 그 모든 소득은 고스란히 안나스의 주머니로 들어갔다는 것이었습니다. 사람들은 이곳을 공공연하게 "안나스의 바자"(bazaar)라고 불렀습니다. 이렇게 안나스 일가가 벌어들이는 돈은 엄청났습니다. 안나스가 자신의 견고한 이권을 과감하게 걷어 찬 갈릴리의 시골뜨기 청년을 만나 보고 싶었던 것은 당연한 일이었을는지 모릅니다.

안나스가 거만스러운 시선과 자못 흡족한 표정으로 내려다 보는 가운데 심문을 받은 예수님은 곧 가야바에게로 끌려갑니다. 가야바는 그 해의 대제사장으로 공식적인 입장이었지만, 가야바의 집에서 특별한 재판은 진행되지 않는 대신 산헤드린(Sanhedrin) 공회의 재판에 회부될 죄목을 찾는 절차가 계속되어 예수님의 최종적인 죄명은 하나님의 신성을 모독한다는 판결이 내려졌습니다. 즉, 예수님은 사람으로서 감히 스스로를 하나님의 아들이라고 주장하였다는 것입니다. 이는 당시로서는 경악할 만한, 참람하기 이를 데 없는 죄에 해당하는 것이었습니다.

날이 밝자, 사람들은 예수님을 산헤드린 공회 앞에 세웠습니다. 산헤드린 공회는 유대의 최고 재판소로, 유대인 종교사범들은 여기서 다루어졌고 여기서의 판결은 로마 당국도 인정하였습니다.

그러나 우리가 익히 아는 바와 같이 당시의 유대는 로마의 식민 지배를 받고 있어서 산헤드린은 사형 선고만 내릴 수 있었을 뿐, 집행할 권리는 없었습니다. 사형에 처하기 위해서는 로마 총독의 재가를 얻어야 했습니다. 그리하여 예수님은 로마 총독 빌라도 앞에 보내집니다. 로마 제국을 대리한 빌라도 총독만이 사형을 집행할 수 있었던 것입니다.

빌라도의 재판 기사를 면밀히 읽어보면서 우리가 명확하게 알 수 있는 것은 빌라도가 예수님의 무죄를 확신했다는 점입니다. 예수님에게서 사형에 해당될 만한 죄를 찾지 못한 빌라도는 예수님을 방면하려고 하였습니다. 그러나 그는 그렇게 할 수 없었습니다. 왜지요? 그 이유는 간단했습니다. 그는 진리를 실천하고 의를 행하기에는 너무 많은 결점이 있었습니다. 그의 과거가 그를 거슬러 일어나 그의 발목을 잡는 바람에 자기가 마땅히 해야 한다고 생각한 그 일을 할 수가 없었던 것입니다.

그는 누구보다 좋은 자질을 가진 훌륭한 총독으로, 현명한 행정관으로 남을 수 있었습니다. 당시의 로마 제국에서 유대는 가장 까다롭고 힘든 지역이어서 그동안 유능한 사람만을 보냈습니다. 그 역시 능력을 인정받아서 유대의 총독으로 부임하였지만, 그는 출발부터 행보가 어긋나기 시작하였습니다.

그 내용의 전말은 이렇습니다.

유대에 진주한 로마 군대는 예루살렘이 아니라 북서쪽으로 30여 마일 나아가 로마군 사령부가 있는 가이샤라에 주둔해 왔습니다. 예루살렘에서 폭동이 발생하고 민란이 일어난다든지 군대가 동원될 필요가 있는 경우에만 가이샤라에서 군대가 일시적으로 파견되어 무력시위만으로 진압하였습니다.

당시 로마군의 기(旗)는 오늘날 영국 군대의 깃발과 같지 않았던 것이 첫 번째 이유입니다. 그들의 깃대 끝에는 재위 황제의 반신상(半身像)이 달려 있었는데, 로마군은 그것에 최대의 경의를 표했습니다.

그러나 유대인들로서는 그 반신상은 깨뜨려 버려야 할 한날 우상에 불과하였습니다. 그들은 이 "신성한" 표시를 우스꽝스럽게 여기면서 공공연히 모욕하기도 하였습니다. 이러한 종교적, 관습적 인식의 차이를 잘 아는 로마 총독과 관리들은 적어도 빌라도 이전까지는 로마군이 예루살렘에 들어가는 경우에도 그 반신상을 제거하여 일어날지도 모르는 만일의 사태를 차단하였습니다.

그런데 빌라도는 부임하면서 단단히 별렀습니다. "내 반드시 본때를 보여주마! 유대인 아니라 그 누구에게도 이 반신상을 떼는 일은 결코 없을 것이다!"

그러고는 그 반신상을 단 채 군기를 앞세우고 예루살렘에 입성했습니다. 아무런 폭동이나 저항이 없었습니다. 단지 유대인들은 대표를 보내서 이 성스러운 도성에서 그 반신상을 제해 줄 것을 공손히 요청했을 뿐입니다. 빌라도는 물론 거절하고 가이샤라 사령부로 물러갔습니다. 유대인들은 가이사랴에 이르기까지 닷새 동안이나 따라다니면서 탄원을 계속했습니다.

6일째 되던 날, 빌라도는 가이샤라의 원형극장에서 그들을 만나서 대답하겠다고 선포했습니다. 수천 명의 유대인들이 운집하였습니다. 이윽고 군중 앞에 나타난 빌라도의 대답은 실로 엉뚱했습니다. 지금 당장 청원을 철회하고 해산하지 않으면 군대를 동원하여 여기 모인 모든 사람을 몰살하겠다고 냉혹하게 위협했습니다.

그러나 군중들은 두려움으로 해산하는 대신 자신들의 목을 길게 늘어뜨리고는 외쳤습니다. "우리를 죽이시오, 다만 우리의 거룩한 도성을 더럽히지는 말아주시오!"

평생을 전쟁터에서 보내면서 무수한 피를 흘린 빌라도라도 수천에 달하는 민간인을 무차별로 죽일 수는 없는 노릇이었습니다. 질린 표정으로 군중을 어이없이 바라보며 빌라도는 자신의 조치를 철회할 수밖에 없었습니다.

빌라도는 또 한 번의 무리한 일을 하고 맙니다. 그는 역대 어느 총독도 시행하지 못했던 일을 생각했습니다. 그것은 물이 귀한 예루살렘에 수로(水路)를 건설해 풍부한 물을 공급하겠다는 칭찬받을 만한 대사업을 착수한 것입니다.

그런데 해발 800미터의 예루살렘에 물을 원활하게 공급할 수로를 건설하는 데는 막대한 자금이 필요했습니다. 그에게 그만한 돈이 있을 리가 없지요. 그 때 그는 실로 엉뚱한 생각을 하게 됩니다. 성전고(聖殿庫)에 막대한 금과 은이 있다는 것을 안 그는 군대를 동원해 그 돈을 약탈하려고 하였습니다. 그러나 유대인들로서는 생명처럼 여기는 성전의 거룩한 재정을 물과 바꿀 수는 없었습니다. 당연히 대규모 폭동이 일어났습니다.

이에 빌라도는 그의 군대에게 곤봉을 주고는 군복 위에 민간복장을 입혀 군중 가운데 들어가도록 했습니다. 이들은 다만 성난 군중을 위협해 모임을 해산하도록 명령받았을 뿐이었습니다.

그러나 실제로는 사태가 악화되자 군인들은 자기가 받은 명령보다 훨씬 난폭해져서 하룻밤에 2천여 명이 다치고 수많은 사람들이 길거리에서 시체로 발견되었습니다. 바로 누가복음 13장 1-5절의 배경이 되는 사건입니다.

이렇듯 총독 빌라도의 출발점은 유대인들과 썩 좋지 않았고 이것이 로마 황제에게 알려지면 문책을 당할 일이기도 하였습니다.

이제는 유대인들이 빌라도를 위협할 차례가 되었습니다. "이 사람을 놓으면 당신은 가이사의 충신이 아니니이다." 이 말의 이면에는 "당신이 이 사람을 방면하면 우리는 가이사에게 당신이 행한 일을 다 보고하겠소. 당신 스스로 설명할 일이 많을 거요!" 하는 협박이 도사려 있는 것입니다. 당연히 빌라도는 자리를 유지하기 어려울 것이었습니다.

빌라도는 교묘하게 최후의 순간에서도 자기 책임을 면하려고 애썼습니다. 곧 그는 예수님께서 갈릴리 출신의 사람인 것을 안 것입니다. 누가의 설명에 의하면 갈릴리는 헤롯의 관할에 속해 있었으니까 빌라도는 자신의 책임을 면하면서 이 난감한 판결을 헤롯에게 넘겨

버릴 수 있었던 것이었습니다.

그러나 헤롯이 예수님을 만나보려고 했던 것은 순전히 예수님께서 이적을 행할까 하는 것이었는데, 예수님께서 이에 응하지 않으시자 흥미를 느끼지 못하고 헤롯은 예수님을 곧 되돌려 보냅니다. 그리하여 여섯 번째 마지막 재판, 뜨거운 감자는 다시 빌라도 앞으로 되돌아왔습니다.

그러니까, 감람산에서 체포되신 예수님은 안나스—가야바—산헤드린—빌라도—헤롯 다시 빌라도의 법정 순서로 심리를 받게 되었지만 제대로 된 정당한 재판은 한 번도 받지 못하셨던 것입니다. 그것은 빌라도가 로마법의 공명정대한 재판보다는 자신의 지위를 유지하는 것에 더 큰 관심이 있었기 때문입니다.

그러나 기실, 예수님은 빌라도에게 오기 전, 산헤드린 공회의 부당한 재판으로 기소된 것입니다.

역사가들의 연구에 의하면 산헤드린의 재판 구조는 인류 역사상 피고인의 권리를 최대한 보호하는 재판과정으로 꼽혔습니다. 산헤드린 공회는 대제사장이 의장이 되어 70명의 의원으로 구성되었고, 이들은 반원을 그리며 모든 의원이 서로의 얼굴을 바라보도록 자리를 배치해 하나님과 사람 앞에서 거리낌 없이 정직한 마음으로 재판에 임하도록 했습니다. 그리고 해가 진 후부터 다음 날 해 뜨기 전에는 개정하지 못하도록 했습니다. 사람의 마음은 밤에 이성적이기보다는 감정적으로 기울기 때문에 재판에 감정이 개입하지 못하게 한 것인데, 예수님의 재판에서는 가장 기본적인 규정부터가 무시되었던 것입니다.

배심원들이 평결을 내릴 때도 개별적으로, 가장 연소자 의원부터 시작해 연장자 순으로 하게 한 것은 연소자가 자칫 가혹하게 내린 평결이라도 연장자에게서 완화되도록 한 배려였습니다. 그리고 모든 증거는 반드시 두 사람의 증언을 따로따로 듣도록 해서 서로에게 영향을 주지 않게 했으며 피고인은 자신에게 불리한 심문에는 대답하지 않을 권리도 있었습니다. 또, 평결이 "사형"으로 내려졌으면 같은 날이 아닌, 하룻밤이 경과한 다음 다시 심리하게 함으로써 산헤드린은 "관대함"으로 판결을 바꿀 수 있도록 하였습니다.

이러한 산헤드린의 규정이 예수님의 재판 과정에서는 우리가 볼 수 있듯이 어느 것 하나 제대로 지켜진 것이 없었습니다. 의원 개개인의 평결도 무시되었고, 대제사장이 예수님을 향해 "네가 하나님의 아들이냐?" 하는 식으로 죄를 덮어씌우려는 질문은 금지된 질문 유형이었습니다. 그리고 무엇보다 사형 판결이 있은 후 하룻밤을 지나 재심하여야 한다는 규정을 어기고 발빠르게 재판이 마무리된 것입니다.

그러나 다시 말하거니와 우리는 이러한 유대인들을 비난할 수는 없습니다. 우리 역시 그러한 잘못을 무수히 되풀이하고 있는 것이고 여기서의 유대인들은 보편적인 인류를 대표하고 있을 뿐이니까요.

그 사람들에게 예수님은 평지에 풍파만 일으키는 말썽꾼으로, 이미 일으킨 문제만으로도 제거하려는 이유가 충분했습니다. 이런 사람은 가능한 한 빨리 처형해 버리는 것이 유익하다고 생각했고, 예수님 역시 그 불합리한 재판에 구태여 항거하지 않으셨고 사형 판결을 받고 십자가 처형에 내어준 바 되셨던 것입니다.

### "때가 제삼시가 되어 십자가에 못 박으니라"

대부분 사람들의 생각 밑바닥에는 정도의 차이가 있을 뿐, 하나님의 아들이신 예수님께서 과연 그렇게 심각한 육체의 고난을 당하셨을까 하는 일말의 생각이 자리잡고 있습니다.

그러나 나의 생각은 전혀 그렇지 않습니다. 그러한 생각은 지나치게 까다로운 상상의 산물일 뿐입니다.

나는 확실히 예수님께서 인간이 느낄 수 있는 모든 고통을 남김없이 당하셨다고 생각합니다. 그러므로 실제로 어떤 일이 일어났는지 아는 것이 매우 중요합니다.

키케로는 십자가 처형에 대해 "인간이 고안해 낸 가장 잔인하고 소름끼치는 처형 방법"이라고 말했고, 십자가 처형이 "너무도 참혹하고 비열해서 로마 시민권을 가진 문명인에게는 적합하지 않다"고 말한 이는 로마의 역사가 타키투스였습니다.

십자가 처형은 본래 페르시아 인들의 처형 방법이었습니다. 페르시아 사람들에게서 땅은 신성한 어머니와 같은 것이었습니다. 따라서 신성한 땅을 죄인의 피로 더럽힐 수 없다고 해서 죄인을 나무에 달아 방치했습니다. 적어도 처음에는 죄수에게 못을 박는 일 없이 나무에 달아 놓기만 했던 듯합니다. 나무에 달린 죄수는 낮에는 뜨거운 열기에, 밤에는 차가운 냉기에 시달리다 죽어야 했고, 결국 독수리와 까마귀, 들짐승의 먹이가 되었습니다.

이러한 처형방법이 카르타고를 거치면서 로마에 소개되었을 때는 죄수에게 못을 박았는데 너무도 끔찍해서 이탈리아 본토 안에서는 집행이 금지되었습니다. 그러므로 십자가 처형은 당시로서는 사람의 대접을 받지 못한 식민지 백성의 반역자들, 노예들에게만 시행하도록 허용된 처형이었습니다.

십자가 처형의 과정은 어디서나 항상 동일하였습니다.

"이비스 아드 크루쳄!"(ibis ad crucem, 너는 십자가를 향하여 가라!) 이는 죄수를 십자가형에 처하는 판결문입니다.

이 선고를 받은 죄수는 먼저 온몸이 발가벗겨지고, X자 형의 목형(木型)에 단단히 묶여 움직일 수 없게 됩니다. 그리고는 마흔 대에서 하나 감한, 서른 아홉 대의 채찍을 맞게 됩니다. 그 채찍은 긴 가죽끈으로 중간중간에 날카로운 짐승 뼈가 박혀 있고 끝에 밤톨만한 납덩이가 달린 것으로 한 번 휘두를 때마다 살점이 떨어져나가고 살이 패여 채찍 자국으로 죄수의 온 몸은 피멍과 함께 선혈이 낭자하게 됩니다. 매를 맞는 동안 미쳐버리거나 죽는 경우도 허다했습니다.

채찍질이 끝나면 처형장으로 가게 되는데, 죄수는 자기가 매달릴 형틀 통나무를 지고 가야 했습니다.

흔히들 죄수가 십자가를 지고 가는 것으로 알고 있지만 실제로는 십자가의 가로대만을 지고 가는 것이 보통이었습니다. 그 무게만도 상당해서 예수님은 질질 끌고 가다가 몇 번이고 쓰러졌습니다. 보다 못한 로마 군병이 명절을 지키러 온 구레네 사람 시몬에게 대신 지고 가게 한 것은 우리가 익히 아는 이야기입니다.

죄수의 전후좌우에는 네 명의 로마 군병이 호위하고, 몇 발자국 앞에는 사형수의 죄의 목록이 적힌 패를 들고 갑니다. 일행은 그 도시의 골목과 거리, 광장을 모두 돌아 가능한 한 가장 먼 길을 돌아 사형장으로 가도록 되어 있습니다. 이는 그 도시의 많은 사람들에게 경고가 되어 그런 류의 범죄를 예방하는 효과도 있었습니다.

일행이 사형장에 도착되면 이미 와 있던 집행관들은 사형수가 지고 온 가로대를 형장에 이미 준비된 세로대에 고정시킵니다. 가로대와 세로대가 겹치는 부분에는 안장이라고 불리는 것이 돌출되어 죄수는 여기에 걸터앉는 모양을 하고 몸무게가 십자가에 유지되도록 합니다.

흔히 사형수에게는 몰약을 탄 포도주를 마시게 하는데 이는 일종의 마취제로 죄수에게 베푸는 친절입니다. 예수님에게도 경건하고 친절한 예루살렘 여인들이 준비한 포도주를 주었으나 예수님은 마시지 않으셨습니다. 마취제의 도움 없이 최악의 고통 가운데 온전한 정신으로 죽음을 맞이하려는 것이었습니다.

이제 사형수는 땅 위에 뉘어진 십자가 형틀 위에 눕혀집니다. 그의 양손과 발에 못이 박히고 양팔은 단단히 묶입니다. 이윽고 십자가는 똑바로 세워지고 미리 파 놓은 홈에 심겨져 움직이지 않습니다. 죄수는 거기서 인간이 경험할 수 있는 온갖 고통을 모두 겪으면서 죽음을 기다립니다. 죄수는 찢어지는 고통 가운데 목마름과 부끄러움 가운데 서서히 미쳐갑니다.

이 점에서 예수님은 다행이라고 할 수 있습니다. 그는 아침 9시에 십자가에 달려 6시간 만인 오후 3시에 운명하시니까 말입니다. 어떤 죄수는 몇 일간이나 매달려 있으면서 울부짖고 저주하며 고통당하는 경우도 있었습니다.

예수님은 십자가 상에서 온전한 마음으로 일곱 마디의 말씀을 하시는데 마지막으로 "아버지여, 내 영혼을 아버지의 손에 의탁하나이다"라고 운명하십니다.

이 말은 유대인 엄마들이 잠자리에 드는 아이들에게 가르쳐 주는 굿 나잇 기도입니다. 예수님은 천진스러운 아이들의 기도로 십자가에서 일생을 마치셨습니다.

**"누구든지 자기 십자가를 지고……"**

자, 그 날 그 십자가에서는 어떤 일이 일어났을까요?
나는 이 문제를 두고 여러분과 논쟁하려는 것이 아닙니다. 분명 나와는 다른 생각을 하는 사람들도 많을 줄 알기에, 나의 주장만으로 설득하려고 하지 않겠습니다.
십자가에 대해서도 주관적인 것, 객관적인 것 두 가지 관점이 있는데 이는 하나님의 측면과 인간의 측면이라고 말할 수 있습니다.
십자가에 대한 나의 첫 번째 견해는 이것입니다.
아마 이것은 가장 보편적인 해석으로 십자가에 대해 가장 널리 알려진 주장이기도 합니다. 십자가 상에서 예수님은 심한 죽음의 고통과 아픔, 그리고 우리가 겪어야 할 죄의 대가를 다 겪으셨다는 것입니다.
이 주장은 우리 인간이 죄 때문에 하나님에게서 이미 절망적인 유죄판결을 받았다는 것이고, 하나님께서 죄의 값을 계산하기 위해 인간들을 심판하려고 하시자 예수님께서 하나님께 "아버지여, 저들의 죄를 내게 돌리소서!" 하셨다는 것이고 예수님은 우리 죄의 대속물로서 우리가 담당해야 할 모든 죄의 값을 십자가에서 치르셨다는 견해입니다.
이러한 이야기는 내가 어려서부터 들어온 것인데 무언가 잘못되었다는 느낌을 지울 수가 없습니다.

우선 이 견해에는 예수님께서 하나님의 강경하신 의도를 변경시켰다는 의미가 담겨 있습니다. 또 실제로 그렇게 말하고 있습니다. 즉 하나님께서 우리를 치려고 손을 번쩍 치켜드시고는 인간들을 저주로 쓸어버리려 하시자, 예수님께서 십자가를 자청하셔서 "분노의 하나님"은 "친절한 하나님"으로 바꿔셨다는 것입니다.

이는 어떤 어린 여자아이가 "엄마, 나는 예수님이 참 좋아요. 그런데 하나님은 싫어요, 너무 무서워요" 했다는 이야기와 통합니다.

그러나 신약성경을 아무리 샅샅이 찾아보아도 이 같은 개념이나 경향은 찾아볼 수 없습니다. 오히려 신약성경에서 보여주는 하나님은 사랑이십니다. 하나님이 세상을 사랑하사 그 외아들을 주십니다. 무엇보다 "하나님은 사랑"이십니다.

예수님 안에서 하나님은 당신의 지극하신 사랑을 드러내십니다. 나는 이것을 분명히 알고 있습니다. 그렇게밖에 말할 수 없습니다. 예수님께서 하나님의 방침, 태도를 바꾸신 게 아니라 예수님께서는 하나님의 사랑이 어떠하신 지를 보여주신 것입니다.

그리고 또 하나의 입장이 있는데 하나님의 공의를 만족시키려는 목적으로 예수님을 처형했다는 것입니다. 즉 하나님의 공의가 만족되기 위해서는 누군가 죄의 값을 대신 지불해야 했고 누군가를 처벌해야 하는데 그 "누군가"가 바로 예수님이라는 것입니다.

이 역시 내가 어린 소년이었을 때부터 들어 온 견해입니다. 이 세상은 불의와 사악으로 가득해 하나님의 의를 이룰 수 없고, 하나님의 거룩한 공의를 충족시키기 위해 하나님은 완전한 의와 선의 그 외아들을 처벌하셨다는 것입니다.

그러나 나는 그와 같은 하나님이라면 믿을 수 없고, 그렇게 행하시는 하나님을 신뢰할 수 없다고 생각했습니다. 그래서 나는 한때 완전히 기독교 밖으로 뛰쳐나갔던 적이 있습니다.

그런데 감사하게도 얼마 가지 않아 하나님의 사랑에 붙잡혔습니다.

나는 주님께서 주신 지혜로 곧 깨달았습니다. 그것은 내가 언제나 생각해 오던 그것, 곧 예수님 안에 하나님의 마음이 완전히 드러났다는 그것이었습니다. 바로 이것이 하나님의 마음입니다.

예수님의 마지막 날들에 일어난 일, 마지막 한 주간에 있었던 일에서 하나님의 사랑이 처음부터 끝까지 다 드러난 것입니다. 하나님은 이렇게 말씀하셨습니다. "자, 보아라. 내가 너희들을 이토록 사랑한단다. 너희들이 나를 무참히 때릴 수 있지, 나를 채찍질하여 상처를 낼 수 있지, 나를 욕할 수 있지 나에게 가시 면류관을 씌우고 침 뱉을 수 있지, 나를 부당하게 재판해서 마지막에는 십자가에 못 박을 수 있지, 그래도 나는 너희들을 사랑한단다. 그 어떤 것도 나의 사랑을 멈추게 할 수는 없어."

이렇게 하여 예수님은 십자가에 달려 죽으셨습니다. 만일 죽지 않으셨다면 하나님의 사랑의 한계점이 되었을 것입니다. 그런데 주님은 힘없이 죽으십니다. 그리고 하나님은 말씀하십니다. "자, 보아라 나는 더 이상일 수 없을 정도로 너희들을 사랑한단다.……나의 사랑에는 끝이 없는 거야!"

예수 그리스도말고 누구도 하나님의 사랑을 이토록 보여준 사람은 없습니다. 그 누구도…….

우리는 흔히 하나님을 왕으로 생각합니다. 공의로써 그 백성을 다스리고 불의한 사람은 형벌에 처하는 왕으로 알고 있을 뿐, 사랑의 하나님으로는 쉽게 받아들이지 못합니다. 이토록 결코 쇠하지 않는 사랑, 끊이지 않는 사랑으로는 누구도 생각하지 않습니다.

우리는 탕자 이야기에서 가산을 다 탕진하고 돌아오는 아들을 기다리고 반겨주는 아버지 이야기에 크게 감동합니다. 참으로 그 아버지의 사랑은 놀라울 정도입니다. 그러나 하나님은 그 정도가 아닙니다. 그 정도로는 설명할 수 없습니다. 하나님은 사랑이십니다(God is love), 그리고 하나님은 사랑하십니다(God loves).

언젠가 A. 스미스[5]가 철도여행을 하고 있었는데, 그의 객실에는 마침 로마 카톨릭의 사제와 또 한 젊은 청년이 함께 타고 있었습니다. 그 사제는 서부 아프리카로 선교사로 가는 사람이라고 자신을 소개했습니다. 둘은 깜짝 놀랐습니다. 당시만 해도 서아프리카 지역은 백인들이 갔다가 1년은 고사하고 수개월도 견디지 못하고 죽어 가는 곳이었습니다. 그의 길은 곧 죽음의 길이었습니다.

스미스와 그 청년은 사제에게 모든 말을 동원해서 그곳에 가지 말라고 간곡하게, 참으로 사랑하는 마음으로 말렸습니다. 다른 방법으로는 하나님을 섬길 수 없느냐, 꼭 그렇게 목숨을 버려야 하느냐 하는 것이 그들의 말이었습니다. 물론 그 사제 역시 설득되지 않고 자신의 뜻하는 바에 단호했습니다.

이제, 아담 스미스와 청년이 내릴 정거장에 도착했고, 사제는 남은 길을 계속 가야했습니다. 스미스는 마지막으로 한 번 더 간곡하게 만류했습니다.

이에 그 사제는 자기의 허리춤에서 은으로 만든 십자가를 꺼냈습

---

[5] Adam Smith, 1723-1790. 《국부론》으로 유명한 영국 경제학의 아버지

니다. 그러고는 그것을 소중히 치켜들고 떨리는 목소리로 말했습니다. "그분은 나를 사랑하셨어요. 그분은 나를 위해 자기 자신을 주셨어요. 그런데 어떻게 나를 아껴서 주저할 수 있겠어요?"

기차는 다시 서서히 움직였습니다.

우리가 십자가의 엄청난 사랑을 대면했을 때, 우리는 무엇을 말할 수 있겠습니까?

나의 모든 것을 다 드려도 너무나 작아
그 놀라운 사랑에
나의 모든 것
내 생명 내 영혼 다 드려도 나는 부끄러워.

 # 승리 · 勝利 · TRIUMPH

**금요일 아침** 9시, 십자가에 달리신 예수님은 그 날 오후 3시에 운명하십니다.

처음 세 복음서에는 예수님께서 운명 직전 큰소리를 외쳤다고 되어있습니다마는 네 번째 복음서에 의하면 그 외침은 "다 이루었다"(It is finished!)는 말이었습니다. 헬라어로 "다 이루었다"는 말은 한 단어입니다. "테테레스타이"(tetelestai). 예수님은 마지막 한 마디를 외치신 것입니다. "테테레스타이, 다 이루었다!"

이것은 피곤에 지친 말도 아니고 패배자가 자포자기한 말도 아닙니다. 이것은 필생의 과업을 성공적으로 마친 사람만이 외칠 수 있는 승리의 선언입니다.

## "안식 후 첫 날 이른 새벽에"

현대의 어느 시인이 예수님의 십자가 아래의 광경을 토대로 쓴 시입니다.

> 오, 그 날 무심한 저 군병들은 앉아서 그를 보며 비웃으며
> 그의 옷을 차지하려고 주사위를 던지네
> 오 저런!
> 주는 자기의 몸을 드려 세상 죄를 없이하려는데
>
> 오 주여, 당신 역시 내기를 하시는군요
> 당신의 생명을 던져 온 세상을 구속하려 하시다니
> 해는 서산 너머로 붉은 노을 가운데
> 온 세상에 황금빛 면류관을 씌우는데
> 주는 알고 있었네
> 오늘의 내기에서 당신이 마침내 승리할 것이란 것을

"사실이요? 아니요? 정말로 그가 이기긴 이긴 거요? 아니면 한동안 세상을 떠들썩하게 했던 그가 또 한 차례 사람들을 놀라게 하는 거요?"

그의 부활 소식을 접한 사람들은 옛날이나 지금이나 한결같은 질문을 하고 있습니다.

세상에서 한 번도 일어난 일이 없었던 그의 부활 소식을 들은 사람들은 그를 믿고 추종하는 사람이 되거나 시니컬한 방관자가 되거나

둘 중에 하나가 되었습니다. 부활이 거짓이라면 인류 역사상 가장 큰 망상, 기만(欺瞞) 사건으로 기록될 것이고, 그 일이 사실이라면 역사상 가장 중요하게 기록할 사건이 될 것입니다.

앞의 시와는 다른, 신약성경의 설명에 기초한 또 한 편의 시입니다.

> 셰익스피어는 진토가 되어
> 아봉에 있는 그의 무덤에 조용히 묻혀 아무 말이 없고
> 소크라테스는 아테네에서
> 셜리는 이탈리아에서 깊은 잠에 빠졌는데
>
> 오, 그런데 그리스도인들이여
> 저 훌번 5번가에 운집한 이들이여
> 죽었지만 다시 산
> 저 나사렛의 나그네를 한번 만나보지 않으려는가?

"죽었지만 다시 산, 저 나사렛에서 온 나그네를 만나보지 않으려는가?" 이 말이 정말이요? 아니요?

이것이 과연 역사적 사실이냐, 아니면 시인의 상상물이냐 이것이 문제로다!

다시, 프랜시스 톰슨의 시 하나를 인용하겠습니다.

> ……그러나, 네가 더 이상 슬퍼할 수 없을 그 때가 되거든
> 마음놓고 울지어다

그리하면 네 비통함이 조금은 가셔지리라

런던 한복판과 하늘을 잇는 야곱의 사닥다리가 보이리라

오, 진실로 밤에

나의 영혼이여, 나의 딸이여

울지어다, 하늘을 검은 천으로 가린 채

그리고 보라

그리스도께서 저 게네사렛 호수가 아닌 템즈 강을 걸어오시는 것을

"그리스도께서 게네사렛 호수가 아닌 템즈 강을 걸으시다니!" 사실이요? 아니요? 이건 시인의 망상이요 사실이오? 어느 것이 맞는 거요?

예수님께서는 이 세상을 떠나시면서 그를 따르던 수많은 무리에게 말씀하십니다. "볼지어다 내가 세상 끝 날까지 너희와 항상 함께 있으리라." 신약성경 기자들이 한결같이 전하는 이 말이 사실이요? 아니요?

이건 몇몇 사람들이 그저 그렇게 되었으면 좋겠다고 여기는 말로 여러 사람을 현혹시키고 있는 건가요, 아니면 사실인가요?

자, 다른 측면에서 생각해 봅시다.

예수님께서 십자가에 달리시던 날, 사형 집행의 책임자로 백부장이 있었습니다. 예수님께서 죽어 가는 모습을 보다가 마침내 운명하자 십자가 앞에서 엄숙하게 백부장이 말합니다. "이 사람은 참으로 하나님의 아들이었노라."

아들이었다(was)고? 이것이 우리가 예수님에 대해서 할 수 있는

말입니까? "이 사람은 참으로 하나님의 아들이었다." 과거형(was)입니까, 아니면 현재형(is)입니까? 그러니까 우리도 주님에 대하여 과거에 있었던 한 사람으로 넘겨버려야 할 것인지, 아니면 지금도 여기에 계셔서 나의 삶과 생각의 주로 계시게 해야 하는지를 결정해야 하는 것입니다. 이것이 문제입니다.

### "믿음 없는 자가 되지 말고 믿는 자가 되라"

먼저, 애초부터 부활은 없었다고 주장하는 사람들의 말을 들어보는 것이 좋겠습니다.

이 주장에 의하면 일찍이 인류 역사상 부활이란 것이 한 번도 일어난 적이 없었다는 것을 들어 그리스도의 부활 또한 부인합니다. 또 복음서마다 부활 사건에 대한 증언들이 일치하지 않으면서 상호 모순을 일으킨다고 주장합니다. 가령, 부활에 대한 목격자들의 증언이 마태복음과 누가복음이 다르고 요한복음에서는 더욱 다르게 나타나고 부활 후의 승천기사 역시 제각각으로 엇갈린다는 것입니다.

거기에다, 무덤에서 처음 부활의 사실을 알려주는 사람에 대해서도 말들이 많습니다. 가령, 마가복음에는 무덤에서 "한 청년"이라고 하고 누가복음에는 "빛난 옷을 입은 두 사람"이, 마태복음에는 "한 천사"가, 요한복음에는 "두 천사"이니 도대체 이러한 모순과 불합치로 가득한 부활 설명을 어떻게 믿을 수 있겠느냐는 것이지요.

그러나 이러한 점은 그리 심각한 문제가 아닙니다. 물론 복음서 사이에서 모순과 차이가 있는 것도 사실이지만 그것은 드라마틱한 부활사건에 비하면 아주 미미한 결함일 뿐 주님의 부활이라는 엄청난 사실 자체를 부인할 만한 것은 아닙니다.

가령, 이러한 현대적인 예를 들어 볼 수 있겠습니다. 세 사람이 축구를 구경하고 집으로 돌아와 그 날 있었던 축구 경기에 대해서 이야기를 하는 데에도 일치하지 않는 경우가 있습니다. 한 사람은 A편이 이기기를 바라는 사람이고, 다른 한 사람은 B편이 이겼으면 하는 사람입니다. 세 번째 사람은 어느 편이 이기건 별로 관심이 없이 그저 축구경기만 즐기는 사람입니다. 이 같은 경우, 경기 내용을 다른 사람에게 전할 때, 판이하게 달라집니다. 그 중에 하나가 오늘 심판이 아주 훌륭했다고 말하면 다른 하나는 그런 심판은 교수형에 처해야 한다고 말할 것이고, 그 중 하나가 어떤 선수를 두고 훌륭하다고 칭찬하면 곧 다른 하나는 그 선수는 형편없다고 흉 보는 것으로 대꾸할 것입니다. 그런데 분명한 것은 이렇게 서로 다른 이야기가 그 날의 격렬했던 경기를 부인하는 것은 아니며 더욱이 경기 결과를 바꿀 수 있는 것도 아니라는 사실입니다. 다만, 같은 사실에 대한 설명의 차이일 뿐입니다.

부활이라는 미증유의 사건에 대한 증언에서도 차이가 있는 것은 당연합니다.

국외자(局外者)들은 이 사건을 두고 이리저리 왜곡하기도 하고 제멋대로 해석하기도 합니다. 처음부터 끝까지 헤집어 고쳐놓기도 했습니다.

마가복음은 AD 60년경에 베드로의 영향 아래 로마에서 기록되었습니다. 그로부터 40여 년 후, 요한복음이 에베소에서 기록되었습니다. 그 사이에 마태복음과 누가복음이 기록되었습니다. 사도들은 이 놀라운 부활 사건을 수십년간 하루에도 몇 번씩 반복하여 선포했습니다. 그렇게 전해지는 사이 가령 마가복음에서의 "한 청년"이 요한복음에서는 "두 천사"로 미세한 변화가 생기기도 했습니다. 이것은 우리 인간의 지적(知的) 한계에서 오는 차이일 뿐, 그것으로 부활이라는 대전제까지 부인할 수는 없습니다.

런던의 대 은행가, 제임스 호프 심슨 경이 언젠가 방송에 나와서 수표책의 사인에 대해 이야기하는 것을 들은 적이 있습니다. 그에 의하면 동일인이 동일장소에서 하는 사인이라도 밝은 불빛에 두고 면밀히 보면 상당한 차이가 있는 것은 물론 심지어 위조된 것으로 여겨질 수도 있다는 것입니다. 실제로, 어느 사람도 완전히 일치하는 사인을 두 번 하기는 거의 불가능합니다.

학교에서 같은 시간, 장소에서 선생님의 설명을 들은 아이들이라도 배운 것을 이야기해 보라고 하면 제각각입니다. 대학에서 교수가 학생들에게 같은 이야기를 해주었어도 그 학생들이 표현하는 것은 다를 수가 있습니다. 또, 이야기라는 것은 이 사람에게 할 때 다르고 저 사람에게 할 때 또 달라집니다.

사실, 역설적으로 복음서마다 차이가 나고 서로 모순되는 점이야말로 부활 사건의 진실성을 보여줍니다. 만일 그리스도의 부활이 꾸며낸 이야기라면 아마 의도적으로 일정하게 짜 맞추었을 것입니다. 복음서 기자들은 용어라든지 그 때의 정황에 대한 설명을 조정해 하나의 통일된 이야기로 일치시켰을 것입니다. 여기서 서로 다른 이야기를 하고 있다는 것은 복음서 기자들이 자기들이 알고 있는 것을 진리로 확신하면서 짜맞출 필요를 느끼지 않았다는 점에서 오히려 믿을 만합니다. 그렇습니다. 우리는 복음서 간의 불일치를 지나치게 염려할 필요는 없습니다.

한편, 부활사건을 전혀 다른 면에서 왜곡하는 사람들도 있었습니다. 먼저, 예수님은 십자가에서 죽은 것이 아니라 기절했고, 무덤에서 깨어나 도망갔다고 주장하는 사람들이 있었습니다. 당시 중동에서는 요즘 우리처럼 매장을 하는 것이 아니라 동굴과 같은 무덤 안에는 선반 같은 것이 있어서 시체를 선반에 놓아두기도 했습니다. 대개는 시체에 향료와 기름을 바른 후 수십 야드의 세마포로 마치 붕대를 감듯 싸고, 싸고 또 싸서 시체를 고이 눕혀둡니다.

예수님의 경우, 한 의로운 부자 친구의 호의로 아직 쓴 적이 없는 새 무덤에 시신을 안치해 두었는데 무덤 입구는 20-30명의 장정이 겨우 움직일 수 있는 연자맷돌 같은 바위로 막아 두었습니다. 이는 보통 빗물이 들어가지 못하게 하기 위한 것이었는데 돌로 무덤을 막고 든든히 인봉(印封)한 후 대제사장의 요청으로 군병들이 보초를 서기까지 하였습니다.

예수님은 십자가에 달리시기 전에 채찍을 맞고 온몸은 만신창이가 되었으며, 십자가에 달려서는 창으로 옆구리를 찔려 물과 피를 다 쏟으셨습니다. 이는 심장의 기능이 완전히 멎었다는 뜻입니다. 죽음을 확인한 로마 병사들의 허락으로 그를 사랑하는 여인들이 시신을 세마포로 싸서 새 무덤의 한 단(段)에 뉘였습니다. 자, 기절하였다가 다시 깨어났다고 한들 그 몸으로 세마포는 어떻게 풀고, 육중한 바위 문은 어떻게 열고 나올 수가 있었겠습니까!

부활의 목격자들이 본 예수님의 모습은 매맞고 상처 난 모습이 아니라 활기 넘치고 생동감 있는 모습이었습니다. 그것은 기절했던 사람이 다시 깨어난 모습이 아니었습니다.

또 어떤 사람들은 주장하기를 예수님께서 생전에 부활하실 거라고 거듭 말씀하신 것을 기억한 유대인 당국자들이 예수님의 무덤이 순교자의 기념비가 되고 성지가 될 것을 막기 위해서 시체를 감추었는데 이것을 두고 제자들이 예수님께서 부활했다고 퍼뜨렸다는 것입니다.

그런데 이야말로 더욱 터무니없는 주장입니다. 우리가 사도행전 전체를 읽어보면 사도들의 모든 설교는 주님의 부활 이야기로 시작되고 있습니다. 아무리 간단한 설교라도 부활이 누락된 경우는 없었습니다. 이 부활의 증언으로 교회가 탄생되고 요원의 불길처럼 번져갔는데 그렇다면 그것을 막기 위해서라도 유대인들은 당장 감추었던 시체를 내 놓았어야 할 것 아닙니까? 그런데 실상 그 사람들은 사도들이 예수님께서 부활했다고 주장해도 그저 멀거니 바라보기만 하였습니다.

또 다른 주장은 유대인들이 시체를 옮긴 것이 아니라 제자들이 시체를 옮겨놓고는 부활했다고 거짓말했다는 것입니다.

그런데 복음서를 유심히 읽어보면, 부활의 소식을 접한 제자들은 시체를 옮긴 사람답지 않게 하나같이 예수님의 부활 사실을 믿지 못하고 있습니다. 베드로도 그랬고 주님이 사랑하시는 제자인 요한도 놀라워하면서 선뜻 믿으려 하지 않았고 "주와 함께 죽으러 가자!"고 용감하게 말했던 도마는 부활하신 주님에게서 "나를 본 고로 믿느냐, 믿음 없는 자가 되지 말고 믿는 자가 되라!"고 책망을 들을 정도였습니다. 낙망한 나머지 고향으로 돌아간 사람은 엠마오의 이름 없는 두 제자들뿐만이 아니었습니다. 베드로를 위시한 여러 제자들이 갈릴리로 돌아가 3년 전의 옛 직업으로 복귀했습니다.

AD 70년 즈음에는 요한 하나만 빼고 거의 모든 제자들이 참혹한

형벌로 돌에 맞거나 불에 던져지거나 맹수들과 싸우다가 혹은 십자가에서 순교를 당했습니다.

일반적으로 사람들이 남을 속일 때는 속이는 결과로 어떤 이득을 얻기 위해서 그렇게 하는 것 아닙니까? 피와 땀과 눈물을 흘리고 마지막에는 처참하게 죽기 위해서 거짓말하는 사람이 어디 있겠느냐 말입니다. 사람 가운데는 사실 아닌 것을 사실이라고 굳게 믿고 그것을 위해 죽는 사람이 혹 있을 수 있습니다. 그러나 그것도 한두 사람이지, 철저하게 꾸민 이야기를 위해 그것도 집단적으로 죽는 경우는 없습니다.

또 어떤 사람은 부활 이야기는 환각의 소산일 뿐이라고 말하기도 합니다. 제자들은 예수님께서 부활하실 거라고 믿었고 또 부활 이야기가 나왔을 때, 모두 하나같이 환각에 사로잡혔다는 것입니다.

물론 아주 골똘한 몇 사람 정도는 자기가 믿는 바가 현실이라고 일시적으로 환각에 빠지는 경우가 더러 있습니다. 그러나 수백 명이, 그것도 상당 기간 환각 상태에 있을 수는 없습니다. 바울 사도는 "사흘 만에 다시 살아나사 게바에게 보이시고 후에 열두 제자에게와 그 후에 오백 여 형제에게 일시에 보이셨나니 그 중에 지금까지 대다수는 살아 있고"라고 말하는데 이는 "알아보고 싶으면 가서 물어 보라!" 하는 뜻입니다. 500명이 넘는 사람들이 환각 상태에 있다는 것은 불가능한 일입니다.

그 외에도 유치한 주장들이 많습니다. 그 중에는 이른바 제자들이 집단적으로 최면에 걸렸다는 주장도 있습니다. 십자가 사건이 있은 다음 베드로가 스스로에게 말했다는 겁니다. "주님은 죽으실 수 없어, 주님은 살아 계신 거야, 죽은 사람도 살리신 주님이신데……. 아무렵, 얼마나 능력이 많으시고 용감하신 분인데, 죽음이 주님을 어쩔 수 없어" 하고 갑자기 "주님은 다시 사셔야 한다! 아니 주님은 다시 사셨다!"고 외쳤고 이것이 제자들에게 퍼져 예수님의 부활 이야기로 유포된 것이라는 주장입니다.

더욱 엉뚱한 주장은 부활이 눈물로 눈이 가려진 여인의 히스테리에서 시작되었다는 주장입니다. 이들의 설명에 의하면 과연 그 날 이른 새벽 막달라 마리아가 슬픔 가운데 울부짖으며 무덤을 찾으러 동산에 갔다는 것입니다. 그런데 이 시골 출신의 순박한 처녀는 예수님의 무덤을 구별하지 못하여 거기에 있던 젊은 청년에게 주님을 묻어 둔 무덤이 어디에 있는지 물었다는 이야기입니다. 그러자 그 청년이 대답한 겁니다. "그는 여기 없소. 그를 매장한 곳을 찾아보시오!"라고 했는데 이 말이 "그가 살아나셨고 여기 계시지 아니하니라. 보라, 그를 두었던 곳이니라!"는 말로 변경되었다는 것입니다.

그 청년은 단지 "네가 찾는 그는 없다. 그를 매장한 곳으로 가 보라"고 말했을 뿐인데 눈물로 가득한 마리아가 무덤을 오인한 데서 비롯된 히스테리성 발작의 결과로 예수님 부활의 소문이 퍼지게 되었다는 설명입니다.

그러면, 그 후에라도 제자들이 예수님의 시신을 두었던 무덤에 한 번이라도 가서 확인해 보지 않았다는 것입니까? 예수님의 기적적인 부활을 부인하는 주장치고는 좀 시시한 설명이 됩니다.

## "그리스도의 부활이 없으면 우리의 신앙도 헛되고"

아마 우리 가운데는 예수님의 부활을 부인하는, 이 조잡한 억지 주장들을 심각하게 받아들이는 사람도 없으려니와 이러한 주장에 현혹되어 잠시나마 회의를 가지게 되는 사람도 없을 것이라고 생각합니다. 나도 이 논의를 여기서 마치고 싶습니다.

그러나 이러한 헛된 주장들로 인해 부활 신앙에 다소라도 손상받은 이들이 있다면 그에게 해야 할 이야기가 있습니다.

우리가 신약성경에서 부활 이야기를 읽을 때 분명한 한 가지 사실이 있습니다. 바로 부활하신 예수님께서는 그를 사랑한 사람에게만 나타나셨다는 사실입니다. 주님은 주님을 사랑하지 않는 사람에게 나타나신 적이 단 한 번도 없으십니다!

부활하신 주님은 그를 사모하고 그의 죽음을 안타깝게 여기며 그에 대해 말하는 사람들에게만 나타나셨습니다. 가령, 엠마오로 내려가는 두 제자만 해도 그렇습니다. 그들은 주님을 사랑했습니다. 주님의 죽음을 가슴 아프게 생각했습니다. 또 그에 대해 말하기를 그치지 않았습니다. 그들은 심지어 절망하고 자포자기했습니다. 그런데 주님은 바로 거기에 나타나셨습니다.

막달라 마리아, 주님을 사랑하였고 그의 죽음에 비통한 마음을 가졌던 그녀에게 주님은 나타나셨고, 다락방의 제자들 역시 슬픔에 잠겨서 두려움에 떨면서 주님을 그리워하고 있을 때 주님이 나타나신 것입니다. 주님은 주님을 사랑한 사람들에게만 나타나신 것입니다.

가령, 여러분과 제가 부활에 대해 소설을 꾸며 쓴다면 부활하신 예수님께서 가장 먼저 누구에게 나타나시도록 설정했을까요?

나는 누구보다 안나스, 가야바, 빌라도에게 나타나도록 했을 것입니다. 갑자기 안나스의 방에 또 빌라도의 집무실에 나타나시게 할 것입니다. 주님이 높은 성루에 광채를 발하면서 영광스럽게 나타나셔서는 외치게 할 것입니다. "보라, 너희들은 나를 십자가에 못 박았지만 나는 이렇게 다시 살아났도다!" 얼마나 멋진 장면입니까?

그러나 주님은 그렇게 하지 않으셨습니다. 절대로, 절대로 그런 일은 일어나지 않았습니다.

주님을 사랑한 사람들에게만, 주님에 대해 이야기하면서 주님을 사모하고 그리워하는 사람들에게만, 그에 대해 가슴 아프게 생각하면서 비통한 마음을 가진 이들에게만 나타나셨습니다.

이것은 언제나 그랬고 지금도 마찬가지입니다. 그 마음을 다하고 성품을 다하고 뜻을 다해 예수 그리스도를 사랑하는 사람들에게만 나타나십니다. 이것이 부활하신 주님을 만날 수 있는 유일한 길입니다. 이는 부활 당시는 물론이요, 그 이래 한결같이 계속된 원리입니다. 오늘도 우리는 주님을 사랑하는 마음 없이는 부활하신 그리스도를 만날 수 없습니다. 주님을 우리 안에 모셔들일 수 없습니다. 사랑하는 마음 없이 주님을 우리의 삶 한가운데로 모실 수는 없는 것입니다.

나아가, 우리는 부활의 가장 중요한 증거를 복음서가 아닌 고린도전서 15장에서 찾아볼 수 있습니다.

고린도전서는 시기적으로, 가장 먼저 기록된 복음서보다 적어도 10년은 먼저 쓰여진 편지로, 15장은 바울 사도의 개인적인 경험을 적어 놓은 것입니다. 바울이 이야기한 순서는 이렇습니다. "성경대로 사흘 만에 다시 살아나사 게바에게 보이시고 후에 열두 제자에게와 그 후에 오백 여 형제에게 일시에 보이셨나니 그 중에 지금까지 대다수는 살아 있고 어떤 사람은 잠들었으며 그 후에 야고보에게 보이셨으며 그 후에 모든 사도에게와 맨 나중에 만삭되지 못하여 난 자 같은 내게도 보이셨느니라"(고전 15:4-8).

바울 사도께서 분명하게 이야기하려는 것이 있습니다. 그것은 바울 자신에게 나타나신 부활하신 예수님은 다른 사람들에게 나타나신 분과 동일하다는 것입니다. 이것이 전부입니다. 게바(베드로)에게 나타나셨고, 야고보에게도 나타나셨고, 또 오백 여 형제에게도 나타나신 부활의 주님께서 동일하게 자기에게도 나타나셨다는 것입니다. 아마, 다메섹 도상에서의 바울의 체험은 다른 사람들에게 나타나신 것과는 약 3년 정도의 시간적 차이가 있을 것으로 생각됩니다마는 바울은 이 모든 나타나심이 같은 연속선상에 있으며 동일하다고 주장하는 것입니다.

그런데 분명한 것은 바울에게 나타나신 주님은 신체적으로 또는 유형적으로, 눈으로 볼 수 있게가 아니라 아마 분명하게 영적으로, 환상으로 바울에게 개인적으로 나타나셨을 것입니다. 바울과 함께 가던 사람들이 아무것도 볼 수 없었듯이 아마 바울 자신도 눈으로는 아무것도 볼 수 없었을 것입니다. 홀연히 나타난 빛으로 그 역시 시력을 잃고 말았으니까요.

이 점은 우리가 복음서를 읽으면서 힌트를 얻을 수 있는 부분입니다.

마음이 상한 두 제자가 엠마오로 내려가고 있었습니다. 그때 홀연히 주님이 거기에 나타나십니다. 여드레 후 제자들이 다락방에서 문을 굳게 잠그고 숨을 죽이며 있었습니다. 그때 갑자기 예수님께서 그들 사이에 나타나십니다. 이것은 분명 물질적으로(physically), 몸으로 나타나신 것이 아닙니다. 제자들이 눈으로 보았을 뿐, 그것은 영적인 임재의 방법입니다. 이것이 영과 영의 만남입니다. 우리가 무엇을 하려고 생각하면 우리 눈앞에는 어떤 장면이 세밀하게, 구체적으로 마치 있는 듯이 펼쳐집니다. 그러나 어떤 공간이 마련된다거나 물질적인 형체가 있는 게 아닙니다. 우리 앞에 일어날 수 있는 것을 영적으로 말하는 것일 뿐입니다.

내 개인적인 경험을 나누자면, 오랫동안 내게는 부활의 이야기가 특별한 게 아니었습니다. "그래, 십자가에 달리셨던 예수님께서 몸과 육신 가운데서 부활하시고 40여 일 간을 제자들에게 나타나시고 하늘로 들려 올라가셨다. 그런데 그게 어쨌다는 것이냐, 그게 나와 무슨 상관이냐, 주님께서 지금껏 여기에 함께 계시다고? 그러나 그 주님은 피와 살을 가진 육신으로가 아니라 영으로 보는 것이다. 마치 예수님께서 바울과 베드로와 함께 계시고 걸으셨던 것처럼 나와 함께 계시는 것이다. 육체의 방법이 아닌 영의 본체로……?" 그렇게 생각한 것이 전부였습니다.

그런데 나이가 들면서 많은 것을 생각하는 가운데 부활에 대한 두 가지 사실을 믿게 되었습니다. 우선 첫 번째는 의심 없이, "무슨 일이든 일어났다"는 것입니다. 우리 기독교회의 모든 실재는 부활에 근거하여 있는 것이고, 그 부활을 도외시하고 교회를 설명할 수는 없는 것이니까요.

예수님께서 십자가에 달리신 직후 제자들은 하나같이 절망과 자포자기, 극도의 공포에 휩싸인 겁쟁이들뿐이었습니다. 그 가슴속 희망은 모두 산산이 부서지고 마음들은 내버려진 채 망연자실하였고 다락방에 모인 그들은 겁에 잔뜩 질린 채 문을 닫아걸고는 누가 잡으러 오지 않나 해서 계단의 발자국 소리에만 신경을 곤두세웠습니다. 그러던 그들이 변화한 것입니다.

7주, 겨우 7주가 지났을 뿐인데 하녀의 손가락질을 견디지 못해

세 번씩이나 주님을 저주하면서 부인했던 베드로, 문을 닫아걸고는 공포에 몸서리치던 베드로가 예루살렘의 군중들에게 담대하게 설교를 하게 되었습니다. 며칠 후 체포된 그는 산헤드린, 아 얼마 전 예수님에게 사형을 선고했던 그 산헤드린 앞에 서서 사자(獅子)처럼 용감하게 으르렁거리는 것이었습니다. "하나님 앞에서 너희의 말을 듣는 것이 하나님의 말씀을 듣는 것보다 옳은가 판단하라. 우리는 보고들은 것을 말하지 아니할 수 없노라!" 도대체 저 비겁쟁이 베드로가 어떻게 하루아침에 이토록 용감한 영웅이 되었을까요? 우리는 이에 대해 설명해야 합니다.

모든 결과에는 그에 앞서는 적절한 원인이 반드시 있는 것인데, 제자들을 기적적으로 변화시킨 것은 다름 아닌 "예수님은 다시 사셨다, 그리고 우리와 함께 살아 계시다"는 확신이었습니다. 제자들을 한꺼번에 그리고 마지막으로 완전히 확신 가운데 거하도록 한 일은 "예수님은 지금도 살아 계시다"는 사실이었습니다. 그들은 살아 계신 주님께서 그들과 함께 계신다는 것을 확신했고, 그 확신 하나로 죽는 것도 두려워하지 않게 된 것입니다.

내 생각은 이렇습니다. 부활을 떠나서는 교회도 없었을 것이고, 부활 없이는 여러분과 내가 예수님의 이름을 들을 수도 없었을 것입니다. 제자들은 뿔뿔이 흩어지고 또 애써 예수님의 이름을 잊어버리려고 했을 터이기 때문입니다. 그런고로 오늘날 교회가 존재하면서 예수님의 이름이 전해지는 것이야말로 그 날 "무슨 일" 곧 "부활"이 있었다는 가장 강력한 증거가 되는 것입니다.

동시에, 또 한 가지 내가 확신하는 것은, 무슨 일이 일어났는지 나는 정확하게 알지 못하는 것입니다. 나는 유형적으로, 물질적인 혈과

육의 세상 저 너머의 영적인 세계에서 어떤 일이 일어났는지 모릅니다. 알 수가 없지만 나는 바로 지금 이 순간, "지금" "여기"에서 나와 함께 계신 그분을 믿고 있습니다.

### "그리스도는 어제나 오늘이나 영원토록 동일하시니라"

나의 옛 스승이신 가십(A. J. Gossip) 박사께서 늘 하시던 말씀이 있습니다.

언젠가 그가 너무 바빠서 도무지 시간을 낼 수 없었던 한 주간이 있었더랍니다. 주일이 되어서야 겨우 주일 예배 설교를 완성할 수가 있었습니다. 그것은 썩 만족스럽지 않았지만, 그로서는 최선을 다한 일이었습니다. 당시 그는 글래스고의 성 마태(St. Matthew) 교회를 담임하고 있었는데 설교하기 위해 마치 그리스도 앞에서 허리를 굽히는 자세로 강단의 계단에 오르는데 주께서 물으셨습니다. "가십, 이것이 네가 할 수 있는 최선의 것이었느냐?"

그는 "예 주님, 그렇습니다" 하고 대답하였습니다.

그런데 놀랍게도 주님은 그의 설교를 취하셔서는 그날 저녁 많은 사람들을 하나님 앞으로 인도하게 하셨습니다. 나는 그럴 수 있다고 믿습니다. 주께서 함께하실 때는 그보다 더 큰 일도 일어날 수 있다고 믿습니다.

개인적으로는 육신으로 부활하여 40여 일을 이 땅에 계시다가 하늘로 들려 가신 이보다는 오히려, 세상 끝날까지 너희와 함께 있겠다고 약속하실 뿐 아니라, 그 제자들을 변화시키신 영적인 그리스도, 그리스도의 영에 지극한 관심이 있습니다. 어제나 오늘이나 영원토록 동일하신 그리스도께서 지금, 이 순간까지 그리고 언제나 우리와 함께 계시면서 내가 연약할 때면 나에게 새로운 힘을 주시고 나에게 한없는 위로와 담대함을 주셔서 이기게 하실 것이기 때문입니다.

# 교회 · 敎會 · HIS BODY the CHURCH

가령, 우리가 어느 단체나 조합에 가입하려고 하면 먼저 그 조직체에 대해 면밀히 알아보는 것이 가장 필요한 일일 것입니다. 대개는 그 설립자에 대해 알아보면서 설립 취지를 자세히 검토해 보는 것이 가장 좋은 방법입니다. 또 회원들이 어떤 활동을 하고 있고, 회원으로 가입되었을 때 무엇을 기대할 수 있는가를 살피고, 또 그 사람들이 나에게 원하는 바가 무엇인가를 알아보는 것도 하나의 방법입니다.

그러니까, 우리 가운데 교회의 일원이 되고 싶으면 먼저 교회에 대해 깊이 숙고해야 할 것이고 교인이 된 후 의무와 특전도 챙겨보는 것이 중요하다는 것입니다.

## "너희는 하나님의 권속이니……"

교회를 뜻하는 헬라어는 "에클레시아"(ekklesia)인데 이 말의 용례와 함축하고 있는 바는 교회를 정의하고 이해하는 데 중요한 실마리가 됩니다.

에클레시아는 이중적인 의미를 지니고 있는데 먼저 유대적 배경입니다. 우리가 구약성경 특별히 출애굽기나 민수기에서 이스라엘 백성들이 광야를 횡단하는 출애굽 여정 이야기를 읽어보면, 온 백성이 때때로 모세의 말 아니, 모세를 통하여 들려주시는 하나님의 말씀을 들으려고 회집하는 장면을 보게 됩니다. 이 때 모이는 것을 흠정역에서는 "이스라엘의 총회"(Congregation of Israel)라고 하였습니다. 이 총회(Congregation)를 70인 역(LXX, Septuaginta)에서는 에클레시아라고 번역하였습니다. 즉 하나님의 말씀을 들으려고 나온 사람들을 에클레시아라고 한 것입니다.

그런데 이제 막 탄생된 기독교는 팔레스타인 밖, 헬라 세계로 발빠르게 번져나가고 있었는데 거기에서는 에클레시아의 의미가 전혀 달랐습니다. 즉, 헬라 문화권에서의 에클레시아는 종교적인 의미는 없고 정치적인 의미만을 지닐 뿐이었습니다. 당시 도시들은 거의 자치적으로 움직였는데 여기서 에클레시아는 그 도시를 지배하는 모임을 의미하였습니다.

당시 여러 도시들은 우리 인류 역사 어디에서도 찾아볼 수 없었던 참된 민주주의 지배체제를 가지고 있었습니다. 가령, 아테네와 같은 도시의 지배권은 투표권을 가진 시민들 하나하나에게 있었는데 시민들 모두가 에클레시아를 형성하고 있었으니까 이는 2만 3천 명이 참

여하는 완벽한 위원회에 의한 정부였습니다. 그런데 이 위원회에 속한 모든 사람이 일시에 모이지는 않았습니다.

에클레시아는 1년에 열두 번을 회집하였는데 실제로 이런 일이 일어날 수 있겠습니다. 에클레시아가 모이기 전, 전령(傳令)이 온 도시를 돌면서 "이번 에클레시아는 아무아무 때에, 아무아무 장소에서 모이게 됩니다. 여러분의 참석을 바랍니다!" 하고 외칩니다. 이 경우 에클레시아는 실제로, 또 사실상 참석의 초청에 수락하는 사람들로 구성되는 것입니다.

이것이 바로 교회의 두 번째 정의입니다. 즉, 교회는 예수 그리스도를 주인(Master)으로, 주님(Lord)으로 모시기를 수락하는 사람들로 구성되는 것입니다.

지금까지 이야기한 것을 다시 정리하면, 구약의 히브리적 의미의 교회는 하나님의 말씀을 듣기 위해 나아온 사람들의 모임이요, 신약의 헬라적 의미로는 예수 그리스도를 자신의 주인과 주님으로 모시기를 수락한 사람들의 무리입니다. 그러므로 여기에서 두드러지게 나타나는 것을 한마디로 이렇게 말할 수 있습니다. 즉, "교회는 사람입니다."

우리가 신약성경을 처음부터 끝까지 읽어보아도 교회라는 말이 건물을 지칭한 적은 한 번도 없습니다. 교회는 사람이요, 사람들의 모임입니다. 사실, 처음의 교회는 교회당 건물을 짓고 소유할 여유가 없었습니다. 그런 일은 AD 200년 이후에나 나타난 현상입니다. 사도들은 보통 길거리에서 외치다가 돌도 맞고 감옥에도 갇혔습니다. 아니면 보통의 집보다 약간 큰 방에서 모였는데, 거기에 "아무아무 교회"라고 간판을 붙일 수도 없었습니다. 교회라는 말에 건물을 의미하는 징후는 결코 없습니다. 교회는 언제나 "사람"이었습니다.

## "하나님의 사랑하심을 받고 성도로 부르심을 받은 모든 자"

교회가 "사람"이라면, 교회가 무엇인지를 가장 명백하게 알 수 있는 최선의 길은 신약성경에 "그리스도인"이라는 말이 무슨 의미였으며, 그 사람들이 무엇을 했는지를 알아보는 일일 것입니다.

물론, 그리스도인에 대하여 뚜렷하게 말할 수 있는 이들 단어와 똑같은 것을 찾을 수는 없지만, 비슷한 의미의 단어 몇 개를 찾아볼 수 있습니다.

첫째는 흠정역에서 "성도"(saint)라고 번역한 단어입니다. 바울은 에베소의 성도들에게, 로마의 성도들에게, 그리고 고린도와 여러 도시 성도들에게 편지를 쓰고 있습니다. 그런데 불행하게도 성도라는 말은 우리에게 전혀 다른 인상을 주는, 잘못된 번역이 될 수 있습니다. 우리는 성도라는 말에서 아주 근엄한 표정의 석고상, 또는 오래된 교회의 스테인드 글라스에서 보게 되는 사람들을 연상하기 때문입니다.

그런데 가령 고린도 교회의 "성도"들을 보면 이혼과 잡혼, 온갖 음란한 일, 교인간 송사(訟事)로 날을 지새고 은사(恩賜) 문제로, 사도의 권위 문제로 오늘날 교회에서 목사들을 괴롭게 하는 사람들처럼 바울 사도를 괴롭히고 있었습니다. 그러니까 이 사람들은 "성도"라는 단어에서 보여주는 의미처럼 오늘날의 우리보다 거룩하지 않았던 것입니다.

물론, 성도로 번역된 "하기오스"(hagios)의 일차적 의미는 "거룩하다"는 뜻이고 이는 우리가 성경에서 무수하게 만나는 단어입니다.

그러나 그보다, 하기오스의 기본적인 의미는 "구별"입니다. 우선 "안식일을 기억하여 거룩하게 지키라"는 계명은 안식일을 다른 여섯 날과는 "구별하라"는 의미입니다. 성전이 거룩한 것은 다른 장소와 건물과는 구별되기 때문입니다. 성경을 두고 "거룩한 책"이라고 부르는 것은 다른 무수한 책들과는 내용과 가치에서 구별되기 때문입니다. 그러므로 우리 그리스도인들을 성도라고 하는 것은 구별되었다, 비그리스도인과는 다른 점이 있다는 뜻이 됩니다.

자, 그러면 우리 그리스도인들이 어떤 점에서 구별되었다는 것입니까?

사실, 아무리 경건한 그리스도인이라도 일상 가운데 비그리스도인들과 다른 점은 거의 없다고 보아야 합니다. 이것은 우리가 구별, 거룩이란 말을 잘못 이해한 데서 비롯된 생각입니다.

우리가 바울 서신을 읽는 가운데 거룩, 구별이라는 말과 함께 "그리스도 안에서"(in Christ)라는 말을 무수히 보게 됩니다. 이 말은 그의 전 서신에서 무려 80여 회나 사용되고 있는데, 우리 그리스도인들은 "그리스도 안에서" 살 때, 비로소 다른 사람과 구별된 삶을 살 수 있는 것입니다. 이것은 또 무슨 의미입니까?

우리가 "그리스도 안에서" 산다는 것은 마치 "대기(大氣) 안에" 사는 것과 같습니다. 우리가 공기 안에, 공기가 우리 안에 있지 않으면 우리는 생명을 유지할 수 없습니다. 마찬가지로 우리가 그리스도 안에, 그리스도가 우리 안에 있지 않으면 우리는 영적으로 죽은 것이나 마찬가지입니다. 우리가 그리스도 안에 있으면 그리스도는 우리가 사는 대기와 같아서 그리스도가 우리 안에, 우리가 그리스도 안에 살게 되는 것입니다. 무릇 그리스도인들은 그리스도의 현존(現存), 세상 끝날까지 우리와 함께 계시겠다는 그의 약속과 함께 단 한순간도 우리를 떠나지 않으신다는 말씀을 믿고 사는 사람들입니다. 이것을 잊어서는 안 됩니다.

그래서 그리스도 안에 있는 사람들은 일마다 때마다 이렇게 말해야 합니다. "주여, 내가 무엇을 하기를 원하십니까?"

모든 생명은 그의 현존 안에 있고 그에게 의존되어 있으며 그가 우리와 함께 있으므로 우리의 주가 되시는 것입니다. 바로 이것이 "구별"이고 "거룩"의 전부입니다.

그런 의미에서 성경적 구별, 거룩은 우리가 일상적인 매일의 삶에서 살아가는 방법을 의미하는 것이지 이 세상을 떠나 따로 살라는 것이 아닙니다. 오히려 세상 가운데(in the world) 구별된 삶을 살아가면서 우리의 거룩함을 드러내야 하는 것입니다. 주님도 기도하셨습니다. "내가 비옵는 것은 그들을 세상에서 데려가시기를 위함이 아니요 다만 악에 빠지지 않게 보전하시기를 위함이니이다 내가 세상에 속하지 아니함 같이 그들도 세상에 속하지 아니하였사옵나이다"(요 17:15-16).

그런데 불행하게도 그동안 이 말씀을 잘못 이해하고는 어떤 이들은 참된 그리스도인이 되려면 세상을 떠나 세상 밖에서 홀로 살아야 한다고 생각했습니다. 그래서 좀 우스꽝스러운 이야기들이 많습니다. 아마 "기둥 위의 성자"라는 말을 들어 보았을 것입니다. 이들은 스스로 높은 기둥을 세우고 그 꼭대기를 좀 평평하게 하고는 거기서 일생을 살았습니다. 세상과는 "구별되어" 산 것입니다. 더욱 별스러운 경우는 "유폐된 사람들"(inclusi)이었습니다. 이 사람들은 보통 교회의 한 켠에 한 사람이 겨우 들어갈 수 있도록 벽을 파고는 최소한의 공기 소통과 음식을 주고받을 수 있도록 한 조그만 틈만 나 있는 그곳에서 일생을 보냈습니다. 이렇게 하는 것으로 그들은 참된 그리스도인이 된다고 생각하였습니다. 물론 자신은 외부 세계와 격리되어 있으니까 많은 유혹도 받지 않았을 것이고, 따라서 죄를 지을 가능성에 덜 노출되었겠지요. 그러나 성경에서 말씀하고 있는 "거룩"과 "구별"은 이와는 사뭇 다릅니다.

더욱이 앞서 말한 요한복음 17장에서의 주님의 기도와도 거리가 멉니다. 우리 그리스도인들은 세상 가운데 있으면서 세상과는 구별된 사람들입니다.

내가 아는 어떤 여자 청년은 부흥회에서 회심을 체험했습니다. 그 때까지 그녀는 꽤 오랫동안 신문사에서 일하고 있었는데, 물론 그 신문은 그녀가 생각한 만큼 "종교적"이지 못했습니다. 그녀는 곧 그 신문사를 사임하고는 종교관계 신문사로 일자리를 옮겼습니다. 거기는 모든 직원들이 "종교적"이었고 신문의 모든 지면은 종교 관계 기사로 채워졌습니다. 거기서 그녀는 행복하게 일했습니다.

그러나 이 일 역시 그녀가 택해야 하는 최선의 것이 아닙니다. 그녀가 구태여 전에 다니던 신문사를 사직할 일은 아니었습니다. 우리 그리스도인들은 정치에도, 지방 관공서에도, 의회에도 무역회사에도 또 노동조합에도 소속될 수 있어야 합니다. 그리고 그가 속해 있는 그곳에서 그리스도인으로서의 선함과 의로움으로 "구별됨"을 보여 주어야 합니다.

## "너희가 서로 사랑하면 너희가 내 제자인 줄 알리라"

그리스도인을 묘사하는 첫 번째 말은 하기오스, 거룩함입니다. 구별입니다.

두 번째 단어는 제자(disciple)입니다. 이 말의 문자적 의미는 배우는 사람입니다. 그러니까 그리스도인은 교회에 들어온 날부터 죽는 날까지 일생을 배우는 사람으로 살아야 합니다.

초기 교회에서는 이렇게 했습니다. 앞서 말한 바와 같이 베드로, 바울 시대에는 교회당에서가 아니라 길거리에서 또는 길을 걸어가면서 설교를 하는 형식이었습니다. 그런 중에 몇 사람이 멈추어서 그 설교를 듣습니다. 대개가 흥미를 느끼지 못하는 이방인들이었겠지요. 그래서 대부분의 설교가 표류했는데, 설교 내용에 관심이 있는 이들은 멈추어 서서 듣기도 하였고, 그 중 어떤 사람은 설교자에게 묻기도 했습니다. "지금 예수님이라고 말했는데 어디서 더 많은 이야기를 들을 수 있습니까?" 이 때 얼른 그 사람을 이미 믿는 사람들의 집, 가정 교회로 안내해 자세하게 가르쳤던 것입니다.

바로 "내가 어디에서 그리스도에 대해서 더 많이 알 수 있을까요?" 하는 질문이 처음부터 끝까지 우리 그리스도인들의 동기가 되어야 합니다. 하나님 앞에서의 신비하고도 끝없는 하나님의 부요함으로 우리는 언제나 하나님을 배우며 알아가는 것입니다.

그런데 많은 그리스도인들이 "나는 열여섯 살 때 처음 믿었던 단순한 신앙을 지금껏 가지고 있어요"라며 배우지 않고 믿는 것을 오히려 자랑스럽게 생각하는 것은 잘못된 일입니다. 이 사람들은 성장하는 것을 거부하는 것입니다. 신령한 지식을 배움으로써 더 많은 헌신

이 가능하다는 것을 모르고 있습니다. 이러한 태도는 회심(回心)에 대한 잘못된 생각에서 기인한 것입니다.

많은 사람들이 회심을 인생의 막바지 즈음에 일어나는 것으로 생각하고 있습니다. 그래서 이 사람들은 회개하고 교회에 들어오는 것을 "세상과는 끝난 것"이라고 생각하고, 회심과 동시에 곧 완전한 그리스도인이 되는 것으로 잘못 알고 있는 것입니다.

이것은 우리가 회심(conversion)이라는 말의 뜻만 생각해도 금방 알 수 있습니다. 이는 라틴어의 *convertere*에서 온 것으로 그 의미는 "돌리다, 회전시키다"(turn round)입니다. 회심은 곧 회전하는 것입니다. 우리 자신을 향해 있는 우리의 얼굴을 하나님께로 돌리는 것입니다.

그러므로 우리 그리스도인들은 매일의 삶에서, 배우는 일에서, 기도에서, 자신을 억제하고 훈련하는 일에서 그리고 하나님의 무한하신 부요하심에 대해 배우고 또 배우는 일에 계속해서 앞으로, 앞으로 나아가야 하는 것입니다. 이것이 우리를 그리스도의 제자라고 하신 본래 뜻입니다.

성도는 구별된 사람이요, 제자는 배우는 사람입니다.

이에 또 하나의 별칭이 있으니 곧 "믿는 자"입니다. 이 역시 신약성경에서 무수히 보게 되는 그리스도인들의 일반적인 칭호입니다. 물론 자신의 확연한 신념을 고수하는 사람을 가리키는 말이기도 합니다.

탁월한 연극비평가 J. 에이거트[6]가 언젠가 이렇게 말한 적이 있

---

6) James Agate, 1877~1947. 영국 소설가, 수필가, 재담가

습니다. "나의 마음은 한낱 기성품 침대가 아닙니다. 나는 거기에 엄청난 것을 세우면서 그것들을 여간해서는 바꾸려 하지 않습니다."

우리 그리스도인들이 그렇습니다. 우리가 "나는 믿습니다"라고 말했을 때, 그것은 보통 "믿는다"는 의미 이상의 무수한 뜻을 갖습니다. 한 심리학자가 이렇게 설명하는 것을 들었습니다.

가령, "당신은 사랑을 믿습니까?" 하는 질문을 세 사람에게 물었다고 합시다.

먼저, 열두어 살 난 소년에게 물었습니다. 그는 대답할 것입니다. "물론 나는 사랑을 믿어요. 보았는 걸요? 큰누나가 자기 남자 친구와 거실에서 텔레비전을 볼 때는 거실에 들어갈 수가 없어요. 물론 나는 사랑을 보았어요."

자, 같은 질문을 심리학자에게 물었습니다. 그는 대답할 것입니다. "물론 나는 사랑을 믿습니다. 사랑이란 특별한 자극에 대한 신체적, 감정적, 정신적으로 일어나는 반응입니다. 물론 사랑을 믿고 말고요."

같은 질문을 별빛 아래서 손을 잡고 걸어가는 연인에게 물었습니다. 그가 뭐라고 대답하게 될까요? "사랑을 믿느냐고요?(Do you believe in love?) 바보 같기는! 우리는 사랑 안에 있는 걸요?(We are in love).

사랑을 믿느냐는 질문에 이렇게 세 가지 차원 곧 외적인 증거, 일종의 입증, 그리고 경험에서 오는 대답을 볼 수 있습니다.

물론 사랑에 대한 참된 신앙은 우리 그리스도인들의 체험에 근거하고 있습니다. 곧 예수 그리스도의 참된 사랑을 경험하는 것입니다. 사랑에 대한 참된 신앙은 예수 그리스도를 체험하는 일입니다.

우리 그리스도인들은 결코 "나는 내가 믿는 것(what)을 압니다"라고 말하지 않습니다. 우리는 오히려 "나는 내가 믿는 그분(whom)을 압니다"라고 말하는 사람들입니다. 우리 그리스도인들의 확고한 믿음은 예수 그리스도와 교제하는 가운데 그와의 개인적이고 인격적인 만남에서 오는 확신입니다.

### "교회는 그의 몸이니"

그리스도인은 구별된 사람으로서 성도입니다. 그리스도를 배우고 닮아 가는 사람이라는 의미로서 제자요, 체험한 바를 믿는 확고한 신자입니다. 그러나 무엇보다 우리 그리스도인에 대한 교회 안에서의 가장 크고 무거운 명칭은 "그리스도의 몸"입니다. 이는 교회에 대해 한마디로 설명할 수 있는 신학으로, 교회에 대한 모든 것을 우리에게 이야기하고 있습니다.

가장 먼저, 이 말은 무엇보다 교회의 일치성을 말하는 데 사용합니다. 우리의 몸은 여러 지체들로 구성되어 있지만 단일성으로 통일되어 있습니다. 이 지체들이 단일성 안에서 조화롭게 작용하지 않으면 탈이 나고 맙니다. 모든 지체는 자기가 맡은 바 역할을 감당해야 합니다. 맡은 바 그 이상도 필요하지 않습니다. 자기 맡은 바를 잘 수행할 때 건강하게 됩니다.

통일성의 비유로 몸을 이야기한 것은 사도 바울이 처음은 아닙니다. 그에 앞서 로마의 역사가 리비우스[7]의 저작에도 나옵니다. 로마

---

[7] Titus Livius, BC 64/59-AD 17. 로마의 역사가

의 역사 가운데 한때 로마의 평민(plebs)과 귀족 사이에 중대한 충돌이 발생되어 분열했던 시기가 있었습니다. 평민들 수천 명이 거리로 쏟아져 나왔고, 그 국면이 매우 심각해져서 도시의 운명이 위태로울 지경에 이르렀습니다. 이에 귀족들은 유명한 웅변가 메네니우스 아그리파[8]를 고용해 거리의 평민들에게 집으로 돌아가도록 설득합니다. 이 때 메네니우스는 격양되어 있는 평민들에게 일장 연설을 하는 대신 하나의 이야기를 하게 됩니다.

"자, 몸의 여러 지체들이 위(胃)에 대해 분노한 적이 있었다. 그들은 자신들이 열심히 일하는 동안 위라는 놈은 아무것도 하지 않고 빈둥거리며 놀고 있고, 자신들이 애써 벌어서 입에 넣으면 위는 가만히 앉아서 받아먹기만 하지 않느냐고 불만을 터뜨렸다. 그래서 몸의 여러 지체들은 위를 상대로 동맹 휴업을 결의하였다. 손은 음식을 입에 가져가지 않기로 하고, 입은 먹지 않고, 이는 깨물지 않기로 하고, 혀는 맛을 느끼지 않기로 하였으며, 목은 음식을 넘기지 않기로 단단히 결의했다. 그렇게 위를 괴롭히려고 했지만 결국 배고픔과 영양실조로 온몸이 죽음에 이르게 되었다. 그래서 몸의 여러 지체들은 살기 위해 서로 협력하면서 각자 맡은 일을 잘 하기로 했다."

이것은 일종의 은유로 이야기할 것입니다. 그러나 이 이야기에서 보여주는 통일성, 단일성에 대해서는 논란의 여지가 있습니다.

물론, 지체간에 격의 없는 사랑을 이야기하는 것에는 효과적이지만 이것이 곧 우리가 목표로 하는 사랑의 관계는 아닙니다.

내가 아는 목사님 한 분은 47년 동안 목회하면서 스코틀랜드 교구

---

8) Moneno Agrippa, 로마의 웅변가, BC 494경

회의(Kirk Session)에 참가하여 단 한 번도 부(否) 표를 던지거나 반대의견을 제시하여 불일치를 보인 적이 없었다고 자랑스럽게 말했습니다. 물론 칭찬받을 만한 평화주의이긴 하지만 그것은 단지 고요한, 죽음의 평화일 뿐입니다.

나는 내 일생에 단 한 번 렌프류(Renfrew)에서 열렸던 총회에 참석해 본 적이 있는데 거기서 나는 그동안 내가 가르쳤던 어떤 것보다 더 많은 것을 배웠습니다. 내 기억에, 당시의 그 총회는 지금까지의 총회 사상 가장 격렬하게 싸웠습니다. 마치 화산이 폭발하는 것과 같았습니다. 나는 당시 매우 젊은 목사였는데 마음속으로 생각했던 총회의 모습과는 너무 달라서 많이 걱정이 되었습니다.

그런데 그날 밤, 나는 매우 놀라운 광경을 보게 되었습니다. 회의 기간에 가장 격렬하게 논쟁하고 큰소리로 싸웠던 사람들이 서로서로 어깨동무를 한 채 떠들썩하게 웃으면서 거리를 걸어가는 것을 보았던 것입니다. 그 중에 참 좋은 친구 톰슨이 나를 보더니 손을 흔들면서 "어이, 바클레이 군! 참으로 멋진 밤이잖아?" 하는 것이었습니다. 나는 거기서 우리 교회 공동체의 참 격의 없는 우애, 우리가 어떻게 사랑해야 하는지를 보았습니다. 우리는 진심으로 사랑하되, 서로 많은 차이와 다름이 있음에도 불구하고 사랑하는 것입니다.

극작가 J. 배리 경[9]이 그의 가까운 친구요 연출자인 C. 프로맨에 대해 이야기한 적이 있습니다. "찰리, 그 친구 참 좋은 사람이야. 나는 그와 일생동안 오직 한 번 싸운 적이 있는데 그 싸움이 한 18년 정도 계속되었나?"

---

9) Sir. James Matthew Barrie, 1860-1937. 영국의 소설가, 극작가. 《Peter Pan》의 작가

그가 말하려는 바를 다 아시겠지요? 18년 동안 싸우면서도 우정을 유지할 수 있는 것입니다.

나는 글래스고 대학에서 가르치면서 지금까지, 신학적 입장에서 나로부터 가장 멀리 나간 학생들과 가장 가까운 사이를 유지하고 있습니다. 내가 아는 한 학생은 너무 말이 많아서 여러 사람에게 거리낌을 주어 모두들 그를 멀리합니다. 그러나 나는 지금껏 그 어느 학생보다 그와 가깝게 지내며 아껴주고 있습니다. 도저히 극복할 수 없는 차이가 있지만 사랑하는 것이 기독교적인 일치요 그리스도께서 명하신 통일성입니다. 역시, 무미건조하고도 억지스러운 일치가 아니라 많은 차이가 있음에도 그것을 인정하는 사랑은 더욱 귀합니다.

우리가 그리스도의 몸으로서 기독교, 그리고 그리스도인을 생각할 때의 일치는 많은 차이가 동시적으로 존재하는 가운데서의 일치입니다. 이런 비유가 가능하겠습니다. 군중이 한자리에 모여 노래를 하기로 하였습니다. 먼저 해야 할 일은 각자 자기가 낼 수 있는 소리, 즉 소프라노, 알토, 테너, 베이스를 정해야겠지요. 그 중에는 엉뚱한 음정도 들리겠지만 그것 역시 기분 좋은 소음일 뿐입니다. 군중이 부르는 합창의 경우 4개 파트가 아니라 20개, 30개의 파트 소리가 나는 경우도 있습니다. 그러나 이러한 차이들은 오케스트라의 선율 속에 파묻히고 조화롭게 서로 엉겨서 웅장한 대합창을 연출합니다. 모든 사람이 다 함께 부르는 노래지만 각자 하나하나는 자기의 노래를 독창하는 것입니다. 이것이 우리 기독교의 일치, 다양한 가운데의 일치입니다.

나이가 들면서 나는 요즘, 많은 것들이 옳지도 않고 그르지도 않다는 것을 보곤 합니다. 어떤 사람은 꾸밈이 없는 평범한 교회를 바라고, 어떤 사람은 울긋불긋 요란하게 치장한 교회를 좋아합니다. 어떤 사람은 조용조용한 기도를 좋아하고, 또 어떤 이들은 큰소리를 내어 기도하는 것을 좋아합니다. 이러한 것은 우리가 하나님 앞에 나아가는 데 아무 상관이 없는 것으로 어느 것이 옳다, 어느 것이 그르다고 말할 수 없습니다.

그런데 우리는 너무나 쉽게 누구는 고루한 보수주의자이다, 누구는 너무 급진적이어서 파괴적이다, 아무아무는 자유주의자로 위험하다, 누구는 꽉 막힌 근본주의자이다 하고 꼬리표 붙이기를 좋아합니다. 그런데 우리가 꼬리표를 붙이는 순간, 그와 우리 사이에는 엄청난 균열이 생기고 벽이 생기고 맙니다.

그런데 하나님의 거룩한 성, 새 예루살렘은 그렇지 않습니다. 요한계시록에서 보여주는 하나님의 성은 네모가 반듯해서 길이와 너비가 같고 한 변의 길이가 1,2000스다디온입니다. 한 스다디온은 약 192미터이니까 1500마일 정도 됩니다. 한 쪽 벽의 길이가 1500마일 정도 되는 성의 넓이를 상상이나 할 수 있겠습니까? 아직까지 인류의 어느 역사에서도 나타난 적이 없는 규모입니다. 얼마나 여유가 많은지 모릅니다.

그에 비해 우리의 마음은 얼마나 여유가 없습니까?

> 우리는 얼마 안 되는 하나님의 선택을 받은 사람
> 그 나머지는 모두 저주를 받을진저!
> 하나님의 나라에는 너희를 위한 자리는 없도다
> 영원히 그 밖에서 슬피 울리로다

어느 누구도 이렇게 말할 수 있는 사람은 없습니다. 하나님의 나라에는 모든 사람을 위해 엄청나게 많은 여유와 공간이 있어서 어떤 차이와 구별도 하나님 안에(in God), 하나님 아래(under God) 있는 이 영원한 통합에 포함됩니다.

### "그리스도의 몸을 세우려 하심이라"

그리스도의 몸으로서의 교회라는 의미에 대해 가장 중요한 것이 남아 있습니다. 우리가 그리스도의 몸으로서 교회를 말할 때 이것은 비유나 은유가 아니라 전혀 문자 그대로입니다.

지금 예수님께서는 육신으로 이곳에 계시지 않고 영으로 우리와 함께 계십니다.

그러므로 주님께서 어떤 일을 하려고 하시면 곧 어느 남자나 여자에게 그 일을 맡기십니다. 가령, 여기에 한 어린이가 있어서 그 어린이를 가르치고 싶으시면 당연히 주님의 심부름을 감당할 남자, 여자에게 맡겨서 그를 가르치십니다. 아무리 많은 기도라도 그를 배우게 할 수는 없습니다. 우리가 직접 그를 가르치면 되는 것입니다. 여기 의지할 데가 없는 노인 한 분이 있습니다. 주님은 그를 위로하면서 보살펴 주고 싶으십니다. 그런데 주의 교회에 속한 누군가 가서 그를 돌보지 않으면 그에게는 아무 일도 일어나지 않을 것입니다.

우리는 하나님의 능력과 위대하심을 잘 압니다. 세상을 사랑하시는 그의 엄청난 사랑도 잘 알고 있고, 다함이 없는 주님의 긍휼하심도 잘 압니다.

그런데 세상을 향하신 하나님의 사랑은 우리의 교회, 우리 그리스도인들의 손을 통해 나타납니다. 자원하는 우리의 마음 없이는 하나님의 사랑은 제한받을 수밖에 없습니다.

하나님은 사람의 손을 필요로 하십니다. 우리는 그리스도의 몸입니다. 문자적으로 그의 일을 대신해야 하는 손이요, 그의 심부름을 하기 위하여 달려가야 하는 발이요, 그의 음성을 대신 전해야 하는 입이 되어야 합니다. 이것이 교회의 임무입니다. 그리스도께서 우리를 통해 일하시도록 그의 몸이 되어야 하고 손이 되어야 하고 발이 되어야 합니다. 그런데 문제는 교회들이 이 일을 감당하는 데 실패하곤 한다는 것입니다.

토스카니니[10]가 오케스트라를 연습시키는데, 그날따라 손발이 맞지 않았습니다. 너무 지루하고 참기 어려웠습니다. 한창을 씨름하다가 지휘봉을 내리고는 보면대에 기대어 선 채 나른한 목소리로 말했습니다. "신사 여러분, 하나님께서는 이 곡이 제대로 연주되는지를 알고 싶다고 하시는데 여러분이……여러분이 하나님을 방해하시는군요." 교회도 가끔 그렇게 하곤 합니다.

아주 끔찍한 일이 1271년에 실제로 일어났습니다. 니콜라이와 마페오 폴로 두 수도사가 쿠빌라이 칸에게 초청되어 원(元)나라 궁정에 들어가게 되었습니다. 당시 쿠빌라이 칸의 영토는 우랄과 히말라야, 다뉴브에서 멀리 남중국해까지 이르고 있었습니다. 그 때 쿠빌라이는 두 수도사에게 말했습니다. "두 사람은 교황에게 가서 전하시오. 수백 명의 전교사(傳敎師)들을 보내 주시오. 나도 그리스도를 믿고 싶소. 여기 있는 나의 존귀한 신하들이며 장군들, 그리고 내 백성 모

---

10) Arturo Toscanini, 1867-1957. 이탈리아 출신의 미국 지휘자

두가 그리스도인이 되려고 하오. 그렇게 되면 아직까지 저 서쪽에서 있었던 사람들보다 더 많은 사람들이 이 곳 동쪽에서 일어날 거요."

두 수도사는 급히 로마로 돌아가 교황에게 그대로 보고하였습니다. 그런데 당시의 교황은 정치문제에 몰두하여 너무 바빴습니다. 대수롭지 않은 문제에 골몰하다가 18년을 허송했습니다. 그리고 열두어 명의 수사를 파송했을 뿐이었습니다. 그러나 때는 너무 늦었고 너무 적은 수였습니다. 자, 그 좋은 기회가 왔을 때 교회가 바로 적절하게 대응하였더라면 어떤 일이 일어났겠습니까? 오늘의 중국, 일본, 한국은 물론이거니와 동남아시아에 더 일찍 복음이 전해졌겠지요. 중동은 물론이고 터키가 이슬람의 손에 좌우되지도 않았을 것이고, 심지어 인도에도 더 많은 그리스도인들이 있게 되었을 테지요. 세계의 얼굴이 확 달라졌을 것입니다. 당시 그럴 힘이 없던 교회는 주님의 몸으로서 손의 역할, 발의 역할, 입의 역할을 감당하지 못하고 말았던 것입니다.

G. 엘리엇[11]은 그녀의 시 가운데 안토니오 스트라디바리[12]에 대해서 이렇게 노래하고 있습니다.

> 대가의 손과 턱 사이의 바이올린에서 흘러나오는 선율에
> 주님은 스트라디바리가 살아 있는 것을 즐거워하시도다
> 하나님은 무릇 인생들에게 적절한 솜씨를 주시나니
> 누구는 바이올린을 만들고
> 또 누구는 그것을 연주하도다

---
11) George Eliot, 1819-1880. 영국 여류소설가
12) Antonio Stradivari, 1644-1737. 이탈리아의 바이올린 제작자

……만일 내가 내 손을 태만히 놀리면
나는 하나님의 무한하신 은총을 약탈하는 것이 되나니
주는 지극히 선하시기 때문이라
그러므로
사람의 손이 아니면 주께서도 일하실 수 없나니
안토니오가 없이는
그의 바이올린도 없었으리로다.

"만일 내가 손을 등한히 놀리면 나는 하나님의 무한하신 은총을 약탈하는 것이 되나니."

우리는 이미 예수 그리스도의 사랑에 대해서, 희생에 대해서 그리고 그의 영웅적 행위에 대해서, 또 그의 관용과 아량에 대해서 많은 이야기를 나눴습니다. 하지만 그것으로 다입니까? 아닙니다. 이 모든 것은 우리에게 달려 있습니다. 우리가 바로 그리스도의 손이요, 입이요, 발이요, 몸이기 때문입니다.

사순절에 읽는 예수님의 생애

# 김광식 목사님, 그리고 최득섭 형, 원도진 형

우리는 그 해 봄, 최루 가스 감미로운 장신대(長神大) 광나루 동산에서 만났지요. 그 때, 웬 데모들은 그렇게도 해대는지, 당시 학생들의 데모 메뉴, 요구사항들은 대형 슈퍼마켓의 품목보다 많았으니까요.

기억납니까? 우리는 첫 학기 신약학을 당대 헬라어와 한글 성서의 대가이신 박창환(朴昌環) 학장님에게서 배우게 되었습니다. 온유 겸손하시고 시냇물 돌돌돌 흐르는 잔잔한 소리로 강의하시지만 출석 관리 엄격하시고 학점에는 더욱 엄하시고……. 학장님은 첫 시간에, "이번 학기가 끝나기 전, 학생들은 각자 예수님의 생애를 써서 내라"라고 하셨습니다. 분량에 관한 말씀도, 형식도 말씀하지 않으셨습니다.

다만 그뿐이었습니다.

그 과제가 나에게는 참으로 신선한 충격이었습니다.

참 감사한 일 아닙니까? 우리가 예수님의 생애에 관한 글을 쓸 수 있다는 것이.

나는 학교 도서관에 가든, 서점에 가든 예수님의 생애에 관한 모든 책들을 모았는데 예수님의 생애에 관한 책이 참 많다는 것을 그

# 역자 후기

때 알았습니다. "악마의 복음서, 제13의 사도"라는 별명을 얻은 E. 르낭의 《예수의 생애》도 그 때 알게 되었고 저널리스트 F. 오우슬러의 《위대한 생애》, 19세기 자유주의의 대변자 D. F. 슈트라우스의 《예수의 생애》를 그 때 접했습니다.

학기가 끝날 무렵, 내 딴에는 열과 성을 다하여 두꺼운 대학노트 몇 권 분량으로 《예수던, 예수 그는 누구이며 어떻게 살았는가?》 하는 책(?)을 제출했더니 학장님은 노트 맨 뒤에 "다른 사람의 예수전이 아니라 학생 스스로 만난 예수전을 쓰시오!"라고 붉은 펜으로 써서 돌려주셨습니다.

나는 그 때, 하나님께 기도하였습니다. "하나님, 제가 오랫동안 읽힐 수 있는 예수전을 한 권 써서 바치겠습니다. 아주 좋은 예수님의 생애 책 한 권 남기게 해주소서!"

그 이래로 나는 예수님의 생애에 관한 책, 신약성경의 배경에 관한 책을 사 모았고 빚을 내서 성지 이스라엘도 세 번이나 다녀왔습니다. 이 모든 것이 《예수던》 한 권을 위한 준비 작업이었지만 어느덧 30여 년이 되어 가는데 그 때의 약속이면 약속, 기도면 기도라 할 그 소망은 아직 이루어지지 않고 있습니다. 앞으로도 쉽게 이루어질 것 같지 않습니다. 그것은 주님께서 나에게 주신 은혜와 계시가 부족해서가 아니라, 전적으로 나의 태만과 그분에 대한 사랑 부족 때문입니다.

그러나, 어찌 되었든지 그 때의 그 기도와 약속이 나에게는 무거운 숙제로 남게 되었고 해외 여행을 할 기회가 있어서 서점에 들르면 예수님의 생애에 관한 책들을 사 모으는 것이 작은 습관이 되었습니다. 바클레이 박사의 *Life of Jesus for Everyone* 역시 오래 전에 싱가포르인지, 어디 동남아에서 구한 책입니다. 한동안 잊고 있다가 이곳 선교지에서 형제들과 공부하는 가운데 그 책을 떠올렸고 그 때 하나님과의 약속의 백분지 일이나 될까, 번역하기에 이른 것입니다.

철학자 헤겔이 그런 말을 했다지요? "인간의 역사는 하나님이 드리운 낚싯밥 주변에 모여든 인간들의 이야기"라고.

우리 목사들의 하는 일이 별 건가, 언제나 예수님 주변에 머물면서 "예수님 이야기" 하는 거지 뭐. 그래서 어느 목사님은 그 서재에 "선생이여, 우리가 예수를 뵈옵고자 하나이다"(요 12:21)란 말씀을 걸어놓고 자기의 책임을 늘 새롭게 하였다고 합니다마는.

그런 의미에서 우리 목사들은 설교를 통해서 일생 《예수뎐》을 쓰고 있는 것이지요. 그런데 바클레이 같은 대가(大家)도 이 책에서 한 말을 저 책에서 재탕하는 것을 알 수가 있었어요. 그러니까 우리 같은 소가(小家)들이 재탕, 삼탕하는 것 부끄러워하지 말고 부지런히 예수님 이야기 많이 합시다.

세월 참 빠릅니다.

늦게 시작한 목회는 아직도 스타트라인에서 머뭇거리고 있는데 나의 해시계는 이미 상당히 기울어 있는 것을 보게 됩니다. 아무 것

## 역자 후기

도 한 일은 없는데.

이런 경우를 두고 무식하면 용감하다고 말하는 건지, 하다보니 바클레이 박사의 책 세 권을 번역하였고 또 몇 권이 출판을 기다리고 있습니다. 별 걸 다 한다고 웃지 마시기 바랍니다. 이 책 역시 선교지에서 형제들과 함께 성경을 공부하다가 나온 작은 결과물입니다. 예수님의 생애에 관한 세계적인 명화들을 페이지마다 넣고 싶었지만 "저작권" 문제로 그렇게 하지 못하였습니다. 글씨체는 옛날 우리가 읽던 개역판 성경 글씨를 사용하였습니다. 이 글씨체에 아련한 향수를 느끼는 사람들이 많으실 줄 압니다.

형들, 미안합니다. 감사합니다. 변변치 않은 번역에 격려의 말씀을 부탁한 것이 미안하고 또 써 달란다고 선뜻 써 주시는 변치 않는 우정에 감사합니다. 꼼꼼하게 교정 보아주고 미국으로 간 박경은 집사에게 감사, 막힌 데를 시원하게 뚫어준 로니 델마(Lorne Thelma) 부부에게도 감사, 쿰란의 여러 가족들에게도 감사.

김 목사님과 형들의 목회 사역에 예수님께서 늘 새로운 생명을 불어넣어 주시기를.

모든 영광을 오직 하나님께, *SOLI DEO GLORIA!*

2009년 2월 5일
양 길 영

사순절에 읽는 예수님의 생애

## "십자가의 삶"이 필요한 우리 시대에 꼭 읽어야 할 책

부산동신교회 원도진 목사

세계적인 성서신학자 W. 바클레이의 *The Life of Jesus for Everyone*이 양길영 목사님의 번역으로 《사순절에 읽는 예수님의 생애》란 제목으로 출판된 것을 기쁘게 생각합니다. 동시에 한 사람의 그리스도인으로, 목사로, 선교사로 살아온 번역자 양 목사님의 믿음과 열정을 함께 기억하고 싶습니다.

양 목사님과 저는 장로회신학대학교 신입생 오리엔테이션에서 만나 오늘까지 30여 년 가까이 같은 길을 걸어가는 동반자 관계를 지속하고 있습니다.

그를 처음 만난 날의 기억이 아직도 생생합니다. 그 날, 장신대 종합관(이제는 역사 속에서만 기억되는)에서는 밤을 새워가면서 신입생 오리엔테이션이 있었는데 그와 나는 같은 반에 배정되어 교수님과의 대화 등 여러 가지 프로그램에 함께 참여하였습니다. 30대 중반이었던 그는 동급생들과 10여 년 이상의 나이 차이가 났는데 여러 면에서 독특하였습니다(결코 칭찬의 말만은 아니라는 것을 아시겠지요?).

## 서평

그 날의 강렬한 만남 때문이었는지, 120여 명의 동기생 가운데서 나이의 장벽을 초월하여 신학교 4년을 나란히, 신학대학원 3년을 나란히, 그 후 대학원까지 함께 오늘까지도 가까운 동무로 지내고 있습니다.

어느 해인가 함께 성지순례를 하고는 일행으로부터 떨어져 이집트 카이로의 호텔에서 한 주간을 묵은 적도 있었습니다. 그는 신학교 입학 초기부터 역사신학에 관심이 있었고 저는 구약학을 전공하였는데 친구 따라 강남 간다고, 신학대학원 시절 화요일 새벽마다 장신대에 와 있던 D. 허드슨 선교사와 *The Question of God*을 함께 읽으면서 공부하였고, 대학원에서는 그와 함께 몇몇 역사신학 주제를 함께 공부하면서 많은 토론을 하며 싸웠던 기억이 있습니다.

그 후 저는 미국 유학의 길을 가고 그는 모교회의 목회 현장으로 가는 등 갈라져 우리 사이는 한동안 뜸해져 연락마저 두절되어 한편으로 "시원섭섭한" 면도 없지 않았는데 제가 귀국하면서 다시 긴밀해졌습니다.

세상이 좁기도 하지! 제가 부산동신교회에 부임하게 될 때, 우리 교회 장로님들은 어떻게 그와의 관계를 아셨는지, 저에 대하여 그에게 조회하였고 그 때 그는 "장로님들, 한 마디로 원도진 목사 모시면 후회하지는 않으실 것입니다" 하였다는 것입니다. 아무튼 저는 동신교회의 청빙을 받아 오늘에 이르렀고 아직까지 그의 애정

사순절에 읽는 예수님의 생애

어린 기대를 저버리지 않았다는 것이 감사합니다. 그러니까 그에게 상당한 빚을 진 셈입니다. 그 전에도 제가 서울여자대학교의 교회에서 일할 수 있게 다리를 놓아 준 사람도 양 목사님입니다.

옛날 중국 춘추시대 관중(管仲)이 "부모는 나를 낳아 주셨지만 나를 알아 준 이는 친구 포숙아(鮑叔牙)"라고 하였다는데 과연, 그는 나를 알아 주고 인정해 준 몇 사람 가운데 하나입니다.

그는 곧 중국 선교의 길을 떠나게 되어 이제는 정말로 멀어지나 했는데 우리 사이는 끈질기게 계속됩니다. 연락이 빈번히 오고간 결과, 2005년 여름에는 그의 부탁으로 그의 선교지에 가서 마치 첩보영화와 같은 장면을 연출하면서 그가 하는 일에 협력했던 적도 있습니다.

그리고 보니 우리 둘 사이는 흔히 말하듯 "천적 관계"만은 아닌 듯합니다.

목사로서, 설교자로서, 선포자로서 교회에 봉사하면서 알게 모르게 그와의 오랜 교류로 인해 저의 신학과 목회 형성에 적지 않은 그의 흔적이 배어 있습니다. 그와 대화하다 보면 가끔은 신경질(!) 날 때도 한두 번이 아니었지만 대체로 맑음, 즐거운 일이 더 많습니다. 또 조금은 괴팍스럽기는 해도 마지막 선택의 순간에는 하나님과 교회를 생각하는 그의 믿음과 통찰에 존경하는 마음도 많습니다.

이번에 그가 번역한 책은 우리가 참으로 닮고 싶어 하는 예수님

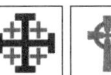

# 서평

의 삶을 요약적으로, 그러면서도 총체적으로 보여주는 바클레이 박사의 주옥같은 저작입니다. 예수님의 어린 시절, 그리고 예수님과 당시 종교 세력과의 충돌, 수난과 부활, 교회에 맡겨진 사명을 신학에 근거하여 매우 담담하게 그리고 있습니다. 이와 같은 신학과 신앙의 책을 읽는다는 것이 얼마나 큰 행복인지 모르겠습니다. 이러한 신실한 신학자와 믿음의 사람들을 글로 만나는 것은 오늘 우리 시대에 주어진 큰 축복일 것입니다.

근래, 우리 교회들이 사순절을 중요하게 여기는 것은 십자가의 삶을 잊고 사는 우리에게 좋은 자극이 됩니다. 저 역시 우리 교우들과 함께 "예수님의 남은 고난을 채우기 위해" 예수님의 십자가의 삶을 묵상하곤 하는데 이 책은 우리에게 꼭 필요한 책이라 할 수 있습니다.

우리 시대는 예수님의 삶이, 무엇보다 예수님의 십자가가 필요한 때입니다.

이 책을 통해서 독자들이 예수님의 심정과 예수님의 십자가와 부활, 우리에게 남겨 주신 교회의 의미를 발견하게 된다면 원저자 바클레이 박사와 번역자 양길영 목사님이 받게 될 칭찬은 결코 작다 하지 않을 것입니다.

책을 읽는 모든 이에게 2000년 전 유대 지경에서 온 세계를 위해 역사해 주신 예수님을 만나는 기쁨과 은혜와 축복이 함께하기를 바랍니다. 감사합니다.

[판권소유]

## 사순절에 읽는 예수님의 생애

2009년 2월 10일 인쇄
2009년 2월 20일 발행

**지은이** | W. 바클레이
**옮긴이** | 양길영
**발행인** | 이형규
**발행처** | 쿰란출판사

**주소** | 서울 종로구 이화동 184-3
**TEL** | 02-745-1007, 745-1301, 747-1212, 743-1300
**영업부** | 02-747-1004, FAX / 02-745-8490
**본사평생전화번호** | 0502-756-1004
**홈페이지** | http://www.qumran.co.kr
**E-mail** | qumran@hitel.net
　　　　　　qumran@paran.com
**한글인터넷주소** | 쿰란, 쿰란출판사

**등록** | 제1-670호(1988.2.27)

**책임교열** | 김윤이 · 김유미

값 7,000원

ISBN 978-89-5922-684-9 93230

＊ 이 출판물은 저작권법에 의해 보호를 받는 저작물이므로 무단 복제할 수 없습니다.
　잘못된 책은 교환해 드립니다.